走进培智教育现场

戏剧教学法的教学实务

李宝珍　梁　英◎主编

重庆大学出版社

图书在版编目（CIP）数据

走进培智教育现场.3,戏剧教学法的教学实务／李
宝珍,梁英主编.--重庆:重庆大学出版社,2024.5
特殊儿童教育康复培训教材
ISBN 978-7-5689-4436-6

Ⅰ.①走… Ⅱ.①李…②梁 Ⅲ.①儿童教育—特殊教育—
课程—教学研究 Ⅳ.①G764

中国版本图书馆 CIP 数据核字（2024）第 082700 号

走进培智教育现场 3

戏剧教学法的教学实务

李宝珍 梁 英 主编

策划编辑:陈 曦

责任编辑:李桂英 版式设计:陈 曦
责任校对:邹 忌 责任印制:张 策

*

重庆大学出版社出版发行

出版人:陈晓阳

社址:重庆市沙坪坝区大学城西路 21 号

邮编:401331

电话:（023）88617190 88617185（中小学）

传真:（023）88617186 88617166

网址:http://www.cqup.com.cn

邮箱:fxk@cqup.com.cn（营销中心）

全国新华书店经销

重庆正文印务有限公司印刷

*

开本:787mm×1092mm 1/16 印张:14.75 字数:220 千
2024 年 5 月第 1 版 2024 年 5 月第 1 次印刷
ISBN 978-7-5689-4436-6 定价:48.00 元

出版序

　　本书是一个民办特殊教育单位试探应用戏剧元素融入教学的心得分享。国内不管普通教育还是特殊教育教师,学习戏剧教育甚或戏剧疗法者众,但是真正大胆尝试应用于自己的教育现场者几希,长期有系统做研发者更是凤毛麟角。学习戏剧时皆赞叹其神奇魅力,临床上却又担心其变幻莫测无法驾驭,尤其是公办学校因为有国家课标的任务,皆不知如何把戏剧和既定的课标内容整合运作,不是在功课表中独立设置一个兴趣活动时间,玩点戏剧,就是简单地在教学活动中添加角色扮演的儿戏,放着大好的戏剧教学法之兴味而不用,空叹智障学生之学习无味。学习怎会无味? 教师没有半点儿戏剧教学的知识和技巧,教学活动怎会自然有味?

　　教学是一种艺术,但是它不会自然成为一种艺术! 本书能让您看到,教学怎么成为一种艺术,教室怎么变成师生展现才艺的剧场,而教学活动怎么变得津津有味。

　　本书提供两种特殊教育领域应用戏剧的模式,足供有心活化课堂的老师们参考:

　　一种是将戏剧诸多元素融入日常教学,以戏剧主题统整各科来展开教学内容而不失其宗,我们称为"戏剧教学法之应用"。

　　另一种是比较少见的"剧场经营"模式,对智障青少年终身生活的丰富充实有着极重要的引导作用。其内容涵括:小剧场的建设、剧团的组成、剧组成员的工作,以及一出戏的形成等相关知识与实务。许多特教单位想为其大龄学生寻求丰富生活的活动,戏剧是最理想的选择,但是,苦于大家不是戏剧专业人员,不具备剧场专业知识,往往凭想象和一点点戏剧天分就想带学生进行戏剧演出甚或组织剧团,殊不知戏剧演出和剧场经营是一门深刻的学问,如果没有支持,几乎会沦为爱心表演,草草收兵。向阳儿童发展中心(简称

"向阳中心")有幸在 2003 年获得台湾戏剧导演洪祖玲老师的青睐,连续三次带着助教来重庆为特教老师们亲授戏剧教学法与剧场工作的理论与实务。向阳中心自由探索各种课程模式的效果,刚好有一批学龄前、学龄期到青少年期的学生,更有一批身经百战的特教师资,因此,能把"戏剧应用于教育"的种子孕育发芽,保留下来,还为向阳中心的毕业生成立了向阳童剧团。经历 2003 年到 2006 年的戏剧应用之课程探索,向阳中心完成了"十年向阳 戏说特教"专辑,作为向阳中心成立十周年的成果。又历经十年,向阳中心在临峰山受评山庄举办过三期苏庆元戏剧治疗师主持的系列性应用戏剧师资培训班,让我们的戏剧理论更成熟,对戏剧的了解更深厚,但是全国能真正系统应用戏剧于教学现场者,仍是少之又少!究其原因,仍是国内能带动教师的戏剧专业人员太少,戏剧应用的参考实例太少,戏剧教学的理论与技术太少。本书,便是在"戏说特教"的基础上整理而出的,虽不能代替专业的戏剧书籍,但是能给有心于应用戏剧的特教同行们一些身体力行过的经验和总结。经验难得,我们愿意再版面世,实在是补国内相关实践经验资料太少的不足,希望能抛砖引玉,让更有条件的学校由此蛛丝马迹,寻得打开戏剧大门之钥,让戏剧的魅力为特殊教育所用,让特殊学生的课堂,不再呆板无趣,让特殊教育课程的实施,有各种艺术之翼,助力飞行,也不枉向阳中心多年的戏剧探索。

　　至少,本书的发行,证明了戏剧之光,曾在中国特殊教育的这块大地上洒过⋯⋯

李宝珍

2022 年元旦

本书导览

凡走过的都会留下痕迹，十年向阳总有些历史值得留下；人生难得相知、相助之士，让向阳心存感念却无以为报，唯有记载下向阳十年所做的戏剧工作，方可一谢相知之情；他山石攻玉，十年向阳不敢自喻美玉，只愿是一块铺路石，让有志于戏剧教学的特教人士，在向阳这块戏剧教学的铺路石上，雕琢出属于自己的美玉。在本书专辑中，且听我们戏说从头！

报幕——戏缘：请看官看，向阳中心教学创意人李宝珍老师叙述十年向阳如何结下戏缘，并且让读者了解向阳中心是一个什么样的机构，开发戏剧对特殊教育的作用。

第一幕——戏剧理论与技术的学习心得：看十二朵向阳花（向阳中心十二位老师），凭着对特教的热忱，敢于班门弄斧，各师其责（剧本、导演、舞监、舞美、灯光、行政、暖身、制偶、偶台、偶戏），建构专业剧场。当然，做专业剧场也不应忘记我们的根本，所以先请看李宝珍老师如何"戏"说——戏剧与教育。

第二幕——戏剧在特殊教育的应用：看向阳中心老师以戏剧为"手段"的经验分享，如何应用戏剧教学法提高课堂学习效率。再看向阳中心老师以戏剧为"目的"的经验分享，如何让特殊学生戏剧演出，最后组成一个剧团。

谢幕——人物出场，叙说十年成长，看十年向阳中心创始者的期盼，看十年向阳中心阵地坚守者的感悟，看十年向阳中心新兵的梦想。

剧评——十年向阳，戏说特教：感谢辽宁师范大学的于松梅老师给予向阳中心戏剧教学的评说，她从特教学人的角度对戏剧之功能点评一二。另外，向阳中心李宝珍老师也做了应用戏剧的自评和反思。

目 录

报 幕

第一幕

第二幕

谢　幕

剧　评

编后语

报

幕

如果教室像剧场

李宝珍

　　后现代的生活哲学讲究趣味性，学习强调"有意义"，但对智障学生而言，学习的"意义"何在？ 老师都知道"学习"对学生很重要，但学生如何体会学习对他是有意义的？ 有一个思路是："从学习的成就中引起动机"，再从学习过程的趣味中"维持兴趣"。

　　后现代许多教育工作者从"动手中学习""探索中学习""欢乐中学习"的观点出发，发展出多种多样的"另类学习法"，如 "方案教学""魔法学校""活动学校""欢乐教室""冒险乐园"等，令人眼花缭乱的课程模式，其中有些已蔚然成潮，自成一家，有些只能是办学者个人理念的尝试，充满着理想性与实验性。 但不管如何，都为全球教育这座大花园添加缤纷的色彩，让教育工作者得以在漫漫的人生中处处驻足，时时感动。"教育"不是一项"死"的工作，也没有唯一正确的规范，尤其在特殊儿童的教育方面，更没有人能武断地说哪一种课程模式是最好的，也没有哪一种课程模式能经得起时代背景及区域条件的恒久考验。 任何一个时期流行的特殊教育课程模式，只能说是反映当代的社会主流文化思潮，以及各种利弊考虑后的选择，在当时也许觉得"很先进"，但若干年后回想起来又会觉得"当时怎么那么幼稚？"因此和人类文明的进展一样，特殊教育的课程永远值得几代人不断地浇灌智慧与心血，使特殊教育的火花持续不断地燃烧，而特殊教育工作者的实践心得，能一代一代地薪传下去，得到一代又一代的更新，可以说特殊教育的课程是在一代又一代具有创新及反思精神的工作者的开拓中，永远变化着、发展着。

　　作为中国特殊教育工作者的一环，向阳中心的员工一直不放弃对培智教育课程模式的反思及探索。"反思"来自对旧有模式的真诚检视；"探索"面向符合当地资源、师资条件、学生实况的各种可能性。 向阳中心成立三周年时，我们探索了"生活核心课程"的教育模式，从功能性、实用性、生活化出发，提供给国为有志于协助学生生活自理、社会适应的同行参考（详见向阳中心三周年专辑《特教之美》①）；而在向阳中心成立七周年时，又以反实用性、生活化的原则，进而强调环境改造，自主参与的"生态导向课程"（详见向阳中心七周年专辑《生态之旅》②），俱见向阳中心是一个求新求变的特殊教育"主体"。 向阳中心的工作人员不仅追求为江津市智障学童的教育服务，更追求在工作中看见更多更好的教育风貌，使特殊教育工作者的专业更精彩，人生更丰富，而不是在千篇一律的专业教条中执行任务而已。 因此，在七周年之后，我们又开始探索"下一波的课程模式会是什么？"

"科技化的特殊教育""全纳式的特殊教育（融合教育）"等都是不错的选项，但是我们最终没有完全选择它们。

从现代化的思维，"利用科技化的教学软件，促进学生的学习效果，利用电脑的网络资源，拓展学生的信息生活，利用科技辅具的人性化设计，支持学生的行动独立与生活便利，利用……"科技的进展神速，任何一个教育工作者都不能不密切注意它对学生的影响，但是如果作为一个学校的主要课程，必定需要投入许多科技硬体的建设、软件的开发及人员培训的经费，这对于一个小型的县级民办学校，在近年内是不切实际的，从许多信息渠道我们也得知，有许多国家扶植的公办特殊学校已开始朝此发展，"科技化的特殊教育模式"并不寂寞。

"全纳式的特殊教育"模式和向阳中心的"生态导向课程"的理念是一致的，都是关注特殊儿童在普通的环境中与周遭的人、事、物互动的过程。 向阳中心七周年专辑中的生态导向课程的思路及策略，足供后现代的全纳式学校参考，但是向阳中心永远不会是一个全纳式学校，因为依据全纳教育的定义，全纳式学校是普通学校。

---

① 已在重庆大学出版社出版，即《走进培智教育现场 1——生活核心课程教学实务》。
② 已在重庆大学出版社出版，即《走进培智教育现场 2——生态导向课程教学实务》。

那么，向阳中心可行的新路在哪里？

2004 年暑假，向阳中心在江津的受评山庄举办了一场"教育戏剧教学法"的研习，来自台湾艺术大学的洪祖玲教授及鞋子儿童剧团的刘纯芬老师带领 30 多位特殊教育老师进入了一个神奇动人的童剧世界——极具戏剧效果的教学活动、与世隔绝般的剧场气氛、演绎出张力十足的美丽世界，公演加演了一场又一场。许多邻居的孩子，包括我们的学生，全都睁大眼睛看了一遍又一遍，看着他们发亮的眼睛、专注的神情，让我们油然而生"如果上课也像看戏一样好玩就好了"的灵感！

戏剧对特殊儿童的吸引力，我早在台湾时就领受到了。20 世纪 80 年代初，我在台湾的双溪启智文教基金会工作，赖声川先生导演的"兰陵剧坊"曾为基金会演出，舞台剧的名字叫《摘星》，演绎的就是专业演员眼中的智能障碍孩子。我亲眼看到孩子们和专业演员一同生活，一同进行剧场游戏的有趣景象。20 年后，促成了向阳中心和洪老师、刘老师的戏剧缘。2004 年暑假经过了那场汗水和泪水交织的戏剧训练后，我们就义不容辞地把戏剧教学法，以及剧场工作的火种延烧了下来。因为我们相信戏剧是有魅力的，它不但在教学时有用，更可能成为一种生活方式，它可以是学习生活的亮点，也可以根本就等于是生活的主要色彩。当上天给了智障者一种生活方式时，戏剧也许可以给这种生活方式一根魔棒。于是 2005 年我们又请洪祖玲老师，带着她的高足卓怡萱老师（舞台美术专业），来到江津进一步教导我们更多剧场的技术，并将向阳中心的一个大教室建设成一个具体而微的小剧场，让我们可以更专业地将戏剧用于智障学生的学习和生活中！

"生活核心课程"模式与"生态导向课程"模式都可以作为培智教育的主流课程，而"剧场工作"应可以算是一种对主流课程添加异彩的"另类课程"。我们决定以"剧场工作"作为向阳中心第三个课程探索的主题，主要着眼于以下因素：

第一，向阳中心探索的课程模式，必须能适合其他地区同等规模的民办学校的当地资源及经济条件，剧场工作可以因工作者的创意，发挥戏剧效果，以代替消耗性的教学资源，而仍能达到相同的教学目标。

第二，为迎向全球化的挑战，普通教育加紧现代化的脚步，大致不敢一探所谓"后现代"的主张（普教的课程改革只是受到后现代思潮的启发，但基本上仍是为全球化服务），以至于在西方，后现代已现退潮之势了，中国还没有任何学校动过后现代的念头，理由是后现代实在太"儿戏人生"了。它所强调的嬉戏性、漫游性是讲求功利、实用的学堂所诧异的，如果把学习也当成"儿戏"，那岂不是荒废学业、误人子弟的游乐场了吗？ 为了一窥后现代教育观点的究竟，向阳中心已具备"身先士卒"的条件，以一个小小的启智机构，涉足一点点后现代的混沌和自娱，看看能否"自组织"出一套足供参考的教育规律。 那么拥有艺术身份的"剧场工作""戏剧表演"的开发过程正足以作为体现后现代主张的典型工具。

第三，经历了"生活核心课程"的重实用轻思想，"生态导向课程"的重环境轻时间，"戏剧表演与剧场工作"的课程模式似乎更能兼顾学生与老师的兴趣与需求——"如果教室像剧场"，老师就像专业的演员及剧场工作者，学生依其个性及能力扮演演员、剧场工作者或现场观众，都能在具体的工作中，感受与原来熟悉的生活迥异其趣的身心洗礼。 在后现代一片"学习是自主参与""学习是个体自寻意义"的声音中，戏剧带来的乐趣与成就，似乎是较能实现师生自主学习、自寻意义的特征的。

事实上，以戏剧这个元素融入特殊教育可以有许多选择：可以作为课程的主轴，也可以作为课程的一小部分（许多学校只把戏剧教学作为一门课，只是在"教学"的层次上应用它），但是向阳中心进入第九年时，是以"戏剧"作为全校全学期的课程中心的，我们必须用上全部的时间才能一窥剧场工作的全貌，必须全体师生投入才能一显戏剧的功能，这样的实践成果才能分享给同好。

经过两个炎夏的戏剧工作坊的洗礼，我们了解到戏剧对教育有两种功能：一种是作为一种教学法，用戏剧的特点来引发并维持学生参与学习的动机。 这是刘纯芬老师带来的"教育戏剧教学法"，为了要把此种教学法发挥到极致，向阳中心将学前班（小年龄段）的课程内容，全部以戏剧为教学主题，例如《老虎吃月亮》《猴子偷帽子》等剧目。除了各主题应有的教学目标外，重点还放在向阳中心的老师戏剧教学法的逐步成熟上（因为，这是一个需要在教学过程中发挥创意的教学法）；而向阳中心的大年龄段的班级，则奉行洪祖玲老师教导的"剧场、表演工作"的专业程序，这是另一种应用戏剧的形式："整个班级就是一个童剧团"，严格依据剧场工作的专业分工与程序，以求达到戏剧演出的艺术水平，在形成一台戏的过程中，师生只能专心锻炼自己的表演、导演、道具管理、美术设计等的工夫，而不是即兴创作。在诞生一出又一出童剧的过程中，师生如剧场工作者一样工作、生活，然后在其中成长有益人生的知识、情意与技能，可以说大年龄段的师生在课程实验的期间，他们共同过了半年的"剧团生活"，尤有甚者，剧场经验的累积，也可以作为他们日后成人生活的重要组成部分。

这样的课程模式是否能在一个特殊教育单位长期执行？我们认为"教育戏剧教学法"可以广泛地应用在各科/各领域，作为一种促进学习动机的有效教学法，而"剧场工作"式的课程，经由开发，也许会很适合专门服务青年/成人培智者的机构，如日间活动中心、成人训练中心、社会福利院等，但是不管是什么单位，都应该有机会让老师认真学习"戏剧教学法"及"剧场工作"，而且尽可能地要求完美，因为只有在一件事上认真执着地追求完美才能达到艺术创作的动人境地。向阳中心愿把这一年来实践戏剧教学的过程及心得总结成集，希望提供给各校教师在进修此种新的教学法甚或实践此种教学模式之际，能有在中国本土的经验参考。

特殊教育的课程不能只有一种模式，我们以开发各种"可能的"课程为乐。

向阳中心是怎么走向戏剧的？

——细说向阳中心十年课程沿革

李宝珍

向阳中心在成立之初，就有了为中国的特殊教育开创课程模式，为特殊儿童的服务寻找出路的宗旨，经过十年不懈的探索实验，一共有三种特殊儿童教育的课程模式出现，每种模式都经过"专家指引""向阳的本土实践"，最后"总结出版"的形式分享给国内的特殊教育同行，让中国的特殊教育服务，因着伙伴间的真诚交流，互相支持，永远美丽而动人！

以下是向阳中心三种课程发展的历史回顾。

一、课程沿革

1.开办前期（1990 年 8 月—1996 年 3 月）

（1）方武老师陪母亲回江津探亲时，认识了江津市教育督导室副主任胡德培先生与菜市街小学辅读班。 回台湾后，方老师寄了所属双溪启智文教基金会出版的"双溪心智障碍儿童个别化教育课程"等资料给辅读班。

（2）重庆师院（今之重庆师范大学）心理学教研究室许家成主任、张文京副主任到江津菜市街小学参加一项全国特殊教育现场会时，发现"双溪个别化教育课程"，通过江津教委胡德培老师与台湾的方武老师、李宝珍老师联系上，从此展开了方武老师、李宝珍老师与重庆特殊儿童教育工作的不解之缘，以及向阳中心和重庆师范大学弱智儿童研究中心的伙伴关系。

（3）1993 年 3 月，重庆师范大学成立弱智儿童教育实验中心（简称"重师儿童中心"）①，起先采用双溪心智障碍儿童个别化教育课程作为施教纲要，方武老师、李宝珍老师参与了儿童中心的开班计划及中心教师的职前培

① 当年的"弱智"一词即今日的"智力障碍"含义，并无贬义。

训工作。

（4）1994年，方武老师、李宝珍老师在台湾友人的资助下承购江津市向阳小学在向阳街建造的居民楼二楼全层计560多平方米筹办向阳中心。1995年11月招生，招聘当地教师，许家成、张文京老师协助了开办计划以及向阳中心教师的职前培训工作。

2.初创期：生活核心课程期——追求实用的课程（1996年3月—2000年8月）

（1）1996年3月1日，向阳中心成立，5位新老师金容、周德明、周千勇、龚利、程庆带着9位江津城内的智力障碍学生开始了启智教育的探索旅程。

（2）实施个别化教育：开学前一个月已为每位学生制订好"个别化教育计划"，采用"双溪心智障碍儿童个别化教育课程"纲要，教学模式是"生活核心单元教学"。

（3）1999年出版向阳中心三周年专辑——《特教之美》，作为实施"生活核心课程"的总结与分享。

（4）2000年4月，重庆沙坪坝区成立爱心儿童玩具图书馆，张文京老师任馆长，梁英老师负责亲职教育的业务。2003年，重庆师范大学特教专业毕业的赵婕加入了服务行列。

（5）自1997年开始与重庆师范大学合办"弱智教育咨询教师工作营"，每年一期，希望能为中国培养有教学效能的培智教育专业人才。

3.生态课程期：追求有意义的课程（2000年9月—2003年8月）

（1）向阳中心三周年后，生活核心课程臻于成熟，终于面临调整的需求。

（2）因应学生的年龄、能力的转变，以及对各种课程模式的接触和向往，向阳中心的课程必须调整。

（3）2000年3月，台湾资深启智教育前辈杨元享老师到重庆师范大学演讲"生态导向的特殊教育"，并到向阳中心参观。座谈间启发了向阳中心由生活核心课程调整为生态导向课程的教育模式。

（4）2001年，在江津教委大力支持下，受评山庄师资培训基地成立了，咨询教师工作营自第六期起在此举行，并经常举办特教、康复等相关主题的师资培训。

（5）以送向阳中心的老师到偏远地区的智力障碍儿童教养机构支持教学，及接受各地同行来向阳中心长期实习的方式，将向阳中心的教学心得分享到全国各个角落。

（6）2003年出版"向阳儿童发展中心七周年专辑"《生态之旅》，总结当时向阳中心师生共同走过的生态导向课程的模样。

4.戏剧教学期：追求课程的趣味性（2004年8月—2006年3月）

（1）本时期课程的特色是以"戏剧"为核心的教学模式。

（2）2004年暑假，受评山庄举行了"教育戏剧教学法在特殊教育的应用"工作坊，为了不负在酷暑中的进修成果，也因为向阳中心素有实验、探索的传统，更因为向阳中心原本的生态导向课程很容易和"戏剧人生"接轨，向阳中心开始把学校变成"剧场"，学习成为"表演"，准备用两年的时间，把戏剧的手法和原理，好好地钻研一番。

（3）2006年出版《戏说特教》，向阳中心的戏剧教学模式圆满谢幕。

二、课程的反省

教育的工作者必须在工作中不断反思自己加在学生身上的所作所为，真诚地求取一种最美好、最适合学生的课程模式。向阳中心初创时期，为了使新进老师能更快进入特教状态，便采用了较结构化的生活核心单元课程模式，由李宝珍老师带着几个才20岁出头的年轻女老师一步一步地为学生做评量，拟订"个别化教育计划"，订教学单元主题，设计教学活动。一切为了达成学生的课程目标，每学期评估学生的进步情形，绘制成长曲线图以监控教学的品质，这种按部就班的课程模式很容易让老师明白教育的系统，掌握教育的整体架构，学生也在严谨的课程与教学的规划中，快速地改变。 但是太按部就班的要求，也容易造成教师教学创造力的退化以及学生心智的机械化，于是当老师的能力与学生的能力成长到稳定的程度时，生活核心课程就完成了它的阶段性任务，教学需要往较多自由松散的一端摆去。"生态导向课程"只是后现代追求自然、强调过程的一种课程倾向，它没有既定的路线也不给课程设定具体目标，课程是老师和学生在环境中创造出来的，老师和学生在逐步发展的"活动中"寻求生活的意义……如果不是有前几年累积的课程功力，向阳中心的老师们是不可能在如此模糊的课程定义下发展课程的。

可以这么说，在当时的中国，没有任何老师能像向阳中心的老师这么自然地转向生态课程。

生态导向课程的实施也挑战了"自闭症学生以及重度智力障碍学生，必须要在结构有序的课程架构下才能有效学习"的假说，度过了刚刚打破结构的过渡期，自闭症以及重度智障学生仍然适应了开放式教育的节奏，而且学得那么怡然自若。 这是一个值得再研究的问题，但是向阳中心终究没有把生态课程再继续下去，不是为了自闭症或多动症学生适不适应的问题，而是生态课程实在是一个牵涉太广的课程，它最终必须面对整个教学环境的生态化，以及整个社区的融合运动，在寻求打动社区居民冷漠的心的过程中，突然发现"戏剧"是一个绝佳的、通往社区融合的桥梁，也是模糊的生态课程的可操作的表现形式之一。 而且戏剧本身的魅力及剧场工作可以使教学过程产生无数的趣味，这也足使向阳中心在 2004 年暑假之后，全力发展戏剧教学模式。

向阳中心发展戏剧教学并不是改变了生态课程的理念，而是选择了一种生态导向课程的表现形式，它是综合的（统整各个领域）、有意义的（为了完成一出戏）、情境中的（接近真实的场景或真实的小剧场工作）、动态发展的，而且在过程中让参与的人觉得非常有趣，这是向阳中心十年以来一直在追求的境界："让学生在快乐中学习，让教师在快乐中工作"，戏剧似乎具备了这种特质。 但是一个习惯于反省的机构，总是会对稳固的现状感到不安：

戏剧教学尤其是剧场表演这一块，投入的人力物力比较大，最可怕的是它占有学习的绝大部分时间，为了一出戏的精彩呈现，师生过上了专业的剧团生活，它可以是某种生命追求的生活形态，但应该不是唯一的形态。集中两年的时光实验戏剧教学，使向阳中心的老师熟练了戏剧教学的策略与技术，弱智学生也多了一条可选择的生命途径，戏剧也应该完成它的阶段性使命了，有反省力的教育工作者必须再次寻找下一个课程的峰回，对向阳中心而言，第十一年的课程该是什么呢？

2005 年夏天，十年前第一批进向阳中心的三位"老学生"毕业了。他们进向阳中心时才七八岁，毕业时已是风度翩翩的青年了，他们的老师也由当年初出茅庐的年轻小姑娘成为人妇、成为人母，十年课程造就了今日的学生，也造就了今日的老师。如果十年前向阳中心不是选择生活核心——生态导向——戏剧人生的课程路径，他们今日又会如何？课程的威力令人不得不谨慎，如果说当年向阳中心的课程系因应当年师生的需求而生，那么现今向阳中心师生的需求又是什么？

重度、多重障碍以及自闭症儿童取代了当年的唐氏综合征、中度障碍的学生，"快乐"似乎不是课程追求的主轴，而且也不容易达成。从钟摆理论来看，开放式的课程发挥极致时，是会往相反的方向寻求平衡的，向阳中心是否又要摆回原来结构化的课程模式呢？结构是不是可以在自闭症、多动症、重度儿童学习的早期快速建立学习常规呢？等到了有常规之后再慢慢地开放是否可行呢？课程没有优劣之别，开放与结构也没有定论，凡事都有一体两面，这是任何一个具有反思能力的教育工作者的基本认识。结构也好，开放也好；快乐也好，辛勤也好；融合也好，隔离也好，都是在因应时代和环境的挑战，只要实施者心中有数，随时尽心检讨，都是值得尊重的课程模式。因此，如果向阳中心未来提倡目标导向的、结构严谨的课程模式，就是特殊教育的时代又改变了。

三、课程的总结

向阳中心的三种课程模式刚好展示了由结构式的教学（生活核心模式）到开放式的教学（生态导向模式）到由开放向结构靠拢的中间模式（戏剧教学模式）的来回摆荡、迂回前进的历程。 这似乎是课程的开发者必经的规律。 到底选择哪一种模式好？ 向阳中心十年的探索与思考总结出下述经验，也许值得研究智力障碍教育课程的学者、实践课程的学校老师，以及课程决策者们参考：

（1）没有完全开放或结构的课程，课程的发展就像生态自然一样，在实践的过程中会不断地寻找开放与结构间的平衡。 当课程太过开放时，老师会觉得没有安全感，自然会想找到一点规则，当课程过于结构化，实施者也会觉得枯燥乏味，总会在学生上了轨道之后稍做放松，因此开放与结构并不是教学的两个极端，而是在一条教学的连续线上不断相互动态平衡。

（2）结构式的教学让新老师和新学生比较容易上手，但要提防老师失去敏感性，放弃思考钝于创作，此时一个敏锐、苛求的教学督导是必要的。 而这个督导在发现问题时要用探讨的方式启发教师的解决问题能力及创造性思考能力。

（3）如果教师不想让自己的专业生命停留在结构式课程的形式里，只有两条路可以走：在结构的模式中精益求精，研究出更精确有效的教学法，把结构化的绩效发挥到极致，使结构的形式似有还无，成为一般人所称的"让教学成为艺术"的教学专家。 另一条路是在结构的行程中，逐步探索开放的可能性，力求打破既定的结构。 由于已有结构的基础知识与技能，打破的作为就不会是混乱放任，比起不知结构为何物，一从事教学就任意开放的教师而言，更有可能成为一个能掌握开放的精髓的课程专家。 此时，上述两种专家，就没什么差别了。

（4）结构严谨对自闭症学生的学习确定是有效的，但如果没有教会自闭症学生自己去建构自己理解世界的秘籍，也没有发展出一套"适应"环境变化的武功，一直在别人构设的课程（当然包括环境）中"适应"，长期而言，哪种课程才是有效的？　我们在一位 10 岁自闭症少女的身上看见生态课程及戏剧教学的成长：愉悦、理解情境、主动参与……在刚开始由结构有序的课程要求转向弹性开放的活动时，由于失去规律、无法理解，少女的行为渐趋混乱，但时间一久，她逐步从无数开放的活动中，用自己的理解模式，归纳、分类等，组织成自己的课程结构。　结构有了，她也就能理解各种事情的变化，掌握变化的规则，做出自己的反应。　这是我们的观察与解释，但毕竟存在着个别差异性，我们也反省到如果这位少女没有在孩提时代受到完整的结构课程的训练，是否能享受到开放式课程的熏陶，还是一个问题。

（5）另一位注意力缺乏多动症的男生，比少女大五岁，当向阳中心转向生态课程时，他不能适应，一直处在一种慌乱中，直到他一年后毕业。　可能他的年纪太大，行为特质已定，没有足够的时间和空间让他和开放教育好好相遇，但也可能对于多动症的儿童而言，他人为他构设的结构，永远是必需的。

（6）结构性课程也好，开放性课程也好，最重要的是让学生能发现学习的意义，享受学习的乐趣。　学生要能主动参与到学习的活动中，对自己的学习起到自动自主的作用，才是真正有效的学习，因此，并不是结构严谨的课程就一定会遏抑学生的主动与乐趣。　也不是开放自由的课程就能带来自主和参与，如果老师没有实力，开放课程更会剥夺学生学习的权利。

（7）若是如此，课程就没有好坏、对错之分，重要的是课程的发展者或实施者要能反复地辩证自己所服膺的课程的信念，看眼前也看长期，看正面也看负面，把课程的危害降至最低。　最怕的是有些专家学者，信仰现代化的技术，过于标榜所谓的"专业"标准，看到与自己观点不合的教学模式或是服务模式就认为是错误的、落伍的，殊不知教学/服务的现场是丰富多样的。如果只选择一种标准，不但不能提升特殊教育或特殊人士服务的品质，更可能扼杀了教育与服务丰饶的生命活力，这种错误在台湾曾经严重地发生过。所谓的"专业"应该不是只提倡一种服务模式的精美，应该有能力看到诸多不同模式的优点而能尽力开发出来，中国的特教和特殊人士服务的领域，需要一批能在工作中成长的工作人员，也需要一批能带着工作人员在工作中成长的专家学者，衷心期盼这真诚的双方，能在特殊教育服务这充满人性美好的园地中相知相遇！

第一幕

戏剧与教育

李宝珍

戏剧在教育中的应用有多种模式——在许多与戏剧有关的书籍资料上经常含混不清，向阳中心为了应用的方便，将之大致归纳为四大类，方便我们向同行推介。

一、以戏剧为目的

希望学生认识戏剧，具备戏剧素养，戏剧是站在"课程的层次"，这又有两种做法：

（1）将戏剧列入学校课程中的一环，例如在每周的功课表中安排"戏剧课"，以教导戏剧的概念、戏剧素养为主。 当然，学会欣赏戏剧、了解戏剧并不表示学生要会演戏。

（2）将戏剧作为一种生活方式，学生的整个生活就为了演出精彩的戏剧，利用"剧场工作""戏剧生涯""戏剧表演"来充实学生的生活。 较少教育单位采用此种做法，但向阳心的青年部就采用了此种模式，我们称它是"以戏剧为核心"的课程模式。 戏剧是教育的主轴，这将于本书中介绍。

二、以戏剧为手段

利用戏剧的特点，教导其他学科的课程内容，此时戏剧仅作为"教学法"的层次，这就是创作的教育戏剧教学法。 这也有两种做法，形成戏剧应用：

（1）以一出戏为中心，由老师和学生共同发展，利用排戏的过程或利用戏目本身的主题，教导学生相关的语文、数学、科学、艺术学科的内容。　这可以称作"以戏剧为主题的统整课程模式"。　戏剧是教学活动的主题，用来统整分散于各学科的教材内容，虽然也可能形成一出戏，但不一定演出，　因为目的是其他学科。

（2）老师在日常教学中，利用戏剧的策略，设计一连串的戏剧活动，以引导学生创造、思考、合作、表现，逐步累积出认识问题、解决问题的能力，而不一定会形成一出戏。　这是任何科目老师可以随时用在其教学活动中的戏剧技巧。

为方便厘清这几种戏剧和教育的关系，用下表区分。　向阳中心学龄班及青年部实行的是第二种模式，而学前班实行的是第三种模式。

		单元时间长	单元时间短	
		会形成一出戏	不一定形成一出戏	
学习戏剧	以戏剧为目的	※ 2.戏剧生活组成剧团	1.戏剧课	戏剧课程
应用戏剧来学习	以戏剧为手段（DIE）	*3.以戏剧主题统整各科学习	4.只以戏剧活动引导学习（戏剧导入教学）	戏剧教学法

戏剧"作为手段"

——教育戏剧教学法的原理与应用

教育戏剧是运用戏剧与剧场的技巧，从事学校课程教学的一种方式。

张晓华说："它是以人性自然法则，自发性地与群体及外在接触，在老师有计划的引导下，以创作性戏剧的即兴表演、角色扮演、模仿、游戏等方式进行，让参加者在彼此互动的关系中充分发挥想象，表达思想，在实践中学习，以期使学习者获得美感经验，增进智能与生活技能。因此，教育戏剧可以作为语文、史地、社会科学、自然科学、艺术等诸多课程内的教学活动，提供较具弹性、活泼的教学环境。"

从以上这段教育戏剧的描述中，可以发现"戏剧"作为有效达成教学的手段，采用戏剧教学法的目的，不是让学生学习"戏剧"或学会"表演"，而是借由戏剧的特殊元素形成教学活动，使语文、史地等诸多课程的学习更具弹性、更活泼。因此，2004年夏"台湾鞋子儿童剧团"的专案课程设计师、美国纽约大学专攻教育戏剧的刘纯芬（佐拉）老师把这种有趣的教学法带到江津来之后，向阳中心的老师们就爱上了"它"。经过一段时间的酝酿，向阳中心学前班的三位班主任就展开了"戏剧在特殊教育的应用"。

一、从传统的教学流程看戏剧

就传统教学而言，其实，每位老师进入课堂，就是进入一个表演空间。老师在课堂上的一举一动，都有戏剧的成分在里边，只是有些老师没有受过剧场训练，是不知不觉地、一生一世地演着，而有些老师有点戏剧素养，上课时就能应用戏剧的要素及技巧，使教学更精彩动人。　当然，你也可以说老师只要掌握了教育心理学有效教学的原理原则，不需要懂戏剧，也能有很好的教学技巧，但是别忘了教育心理学中传授的有效教学的技巧，其实和戏剧技巧是相通的。

我们可以从教学的一般流程来看戏剧在其中可以发挥的作用：

（1）提到传统教学过程中"引起动机"的问题，老师们不是经常用布偶、魔术袋或一段开场白的方式来引发学生的注意力吗？　若常如此，你何不去研习制偶、操偶、默剧表演、声音表情技巧呢？　您觉得那太夸张、太不自然了吗？　其实一个演技炉火纯青的演员做上述表演是自然不过的，幸好那些顶尖的演员们还不懂学校里的学科知识也不会出试卷，不然他们真能把老师们的工作抢走。

（2）"联结旧经验"，意思是教学时要唤起学生的相关知识，回忆已学过的知识，学习新知识。　老师们常用的方法是让学生们回想，或者出示几样熟悉的物品作为提醒，但是如果用戏剧教学法中的各色各样的暖身活动来带动回味、记忆的情绪，令人印象深刻。　当然它可能会比较花时间，但也有不花时间的暖身活动，例如让学生一起做几个拼音体操的动作，作为学习今日生字的基础。

（3）老师要"呈现教材""介绍教材"了。　老师们精于用各种各样的媒体来呈现要教的内容，市面上也有许多视听软件、教具、图卡甚至虚拟实境等，就是把"教室"这个现场以及教室现场中的人（老师和学生），这两种最重要的媒体给抛弃了。　教材不能演出来吗？"演"不是一种最真实的教材呈现吗？　为什么只有用视听媒体、教学软件来呈现教材才是先进的呢？　当真实求不到时才借助虚拟，但如果真实可求，为什么偏要采用虚拟的画面呢？　引人入胜的故事、惟妙惟肖的演示、现场观赏的感受以及戏剧特有的对比效果，都能对要传达给学生的教材，做最佳的诠释。"呈现教材"讲究的是要能吸引学生的注意，要用学生能理解的方式，符合学生的认知层次。　一个娴熟于戏剧手法的老师，能剪裁最佳的戏剧形式（视听味触嗅的活动），设计有戏剧味的活动进程（依据学生能处理的程度），帮助学生对新教材的记忆及理解。 其唯一的缺点是教育心理学上所提倡的"教材的有序组织"这个教学原则，用戏剧教学法是较难兼顾的，但也并非完全做不到。

虚拟实境的应用似乎方兴未艾，但是它不能代替真实舞台，如何很好结合戏剧教学技巧与虚拟实境的舞台效果，让两者相得益彰，还是要应用者学习好戏剧教学法。

（4）学生初步理解了教材之后，就要有"练习、巩固"的学习历程。 戏剧有利于学生不断地、反复地练习。 戏剧元素中的"暂停""排练""重演""问题解决"等不就是一种反复练习的巧妙设计吗？

（5）"评价表现"是任何学习的结果印证，现代教育要求评价要能顺应学生的多元智能，有什么评价方式比戏剧包含更多样性的表达形式呢？ 如果一节课的"小结""或是一个单元的总结"，要让不同的学生有不同的学习结果，那场面不就是一出戏吗？ 向阳中心就曾用"擂台赛"的演出方式，让学生各自上台表演各自的目标（教学组长抽题，班主任让学生自己准备道具上场），台下有加油助阵的同学，比起传统的纸笔测验灵活得多。

（6）最后是"统整应用所学"的类化应用阶段，愿意应用本来就是一种情意、态度的养成。 从教育心理学的角度来看，互动式的、讨论式的教学法，比较适合情意态度领域的目标，戏剧教学法大量采用了互动、讨论、拟情、换位思考等活动，让学生从传统的灌输式的学习，转为体会式的学习，到了实际生活中就较能自动自发地实践、应用。

从传统教学而言，"教学是一门艺术"，这句话有心理层面和技术层面的意义。"教学是一门艺术，但是它也不会自动成为一门艺术"，如果教师能有一些戏剧素养，要在教学技术上达到艺术境界才是顺理成章的。 因此，无论您的学校采不采用戏剧教学，本书中所分享的一些教学策略及案例，对您还是重要的。

二、戏剧促进学习的策略

戏剧教学法为什么能吸引学生、促进学习？ 它有哪些戏剧性的策略？

1.应用戏剧的张力创造教学效果

戏剧的张力来自六大元素： 声音与安静

黑暗与明亮

静止与移动

教师若能熟练运用这六大元素的设计，就能充分吸引学生的注意力，这和传统用讲授的、板书的、文字的、动画的等方法是不一样的。

（1）利用元素一、元素二： 声音与安静

·戏剧中，声音的模仿与创造的活动，刺激学生不断地尝试各种运用自己声音及发音器具的方式。

·戏剧对安静的控制可以训练学生对视觉、听觉讯号的注意力，而安静的要求更有助于学生全身心地专注于视觉的学习，这在一般的课堂上是不容易要求的。

·声音与安静的对比，正暗示着学生遵守某种规律。

（2）利用元素三、元素四： 黑暗与明亮

·戏剧之明与暗的对比本来就能引发视觉注意。

·一种有剧场效果的灯光设计利于集中教学的焦点（只要在教室灯光上稍做手脚即可达成戏剧的效果，而不一定采用昂贵的剧场灯）。

·在黑暗中，黑色的衣物可被掩盖，而教具显得特别亮丽。

·作为观众的角色，学生能预估黑暗中的行动，或不能预估黑暗中的行动，都是一种兴奋的期待；而作为演员的角色，学生更能学习准备呈现自己的最佳表现。

（3）利用元素五、元素六： 静止与移动

·戏剧动作的模仿与创造的活动，刺激学生不断地尝试各种运用自己肢体以及道具的方式。

· 戏剧静止的控制可以训练学生对视觉、听觉讯号的注意力，而身体的静止更需要学生全身心地维持姿势的平衡。

· 静止的画面引起对动作前因后果的想象与推理。

· 个别的动作与合作式的动作，激发学生对动作的想象与推理，是一种能给动作赋予意义的教学。

2.应用戏剧的多重特质，练习多个领域的能力

（1）戏剧是一门综合艺术，包括语言、文学、音乐、舞蹈、美术、雕塑、建筑等多重特质。 戏剧的引导，可以使学生在一个接一个的戏剧主题中不知不觉、反复地练习语言、动作、社会技能等领域的能力。

（2）当学生乐于做出一些自己能做到的动作、声音等表现时，对于自我形象、心理建设的引导也连带发生。 因此，戏剧教学法之类的教学策略的应用对学生的情意态度的培养是长期而有效的。

3.应用戏剧可以"重演"的特性

可以让学生看到不同行为的不同后果，许多在现实生活中无法或不能提供的经验可以浓缩在戏剧中安全地、快速地让学生发现。

4.利用戏剧的亲和力改变老师和学生的关系

由于戏剧的需要，老师或助理会成为比较生动活泼的人，而不是惯常发出命令的人。 这会促使老师想出更多启发学生参与的方法，学生也能更努力地回应老师的问题与要求。 课堂上师生的互动加多，关系趋向平等、合作。

5.应用戏剧活泼丰富有趣的特色，吸引学生乐此不疲地活动

老师用一个主题又一个主题来培养学生的某些核心能力，长期下来会有改变和成长。 例如，几个戏剧主题都在解决问题，或几个主题都在创造事物，几个主题都在建立合作，等等。 这些长期目标可以通过几个一致的戏剧主题来养成。

三、戏剧教学的技巧

依据独特的戏剧教学策略形成许多有趣的教学技巧，向阳中心的老师在戏剧策略的启发下也演练出不少独门心传，敬请参考。

1.老师变身出入戏剧的设计

要让学生分清什么时候是现实课堂，什么时候是虚拟戏剧，要借助一个具体明白的讯号，这个讯号代表大伙进入戏剧世界了，或回到现实来动脑动手了。 设计这个讯号可以用一顶奇特的帽子，一个假的时光机器门，一个可爱的手势加一段咒语……完全靠老师的创意，也是非常吸引学生之举。

2.利用剧场的常规，养成学生的上课常规

对剧场的观众而言，准时准备、依序入场、对号入座、轻声走动、文明看戏是一般规则。 当开演的灯光明暗一次后，就预示要进入戏剧世界，老师也可以利用这些规则制定班上的小剧场规则（教室即剧场），以符合年纪学生心理及能力为原则，每次戏剧活动的开始、过程及结束就依这些规则进行，可以设计成犹如仪式一样。 例如，可以由学生集体喊出"请开始！"表演就启动，观众立刻闭嘴观赏。 而当演到问题情况时，利用"出入戏剧"的讯号现身引导学生思考解决问题的办法。 结束戏剧活动时可以谢幕的方式让学生意识到下课了。 生活因仪式而庄严，戏剧世界与剧场，正是一个充满仪式感之地。

3.启发学生"创意性思考"的技巧

要求学生做出与众不同的动作或表现，有时学生难以"无中生有"，于是老师可以利用暖身活动时间带动学生做出多种主题动作让学生先会模仿，建立了创作的资源，然后在戏剧中提示学生回想，运用刚才学过的诸多动作或表现。

4.加强学生"解决问题能力"的技巧

戏剧活动可以设计出层出不穷的问题，比学生日常生活中会遭遇到的问题多、有趣。 老师要先想出许多学生会感兴趣、乐于动脑子、动手解决的难题——这是激发解决问题能力的前提，也就是说让学生有急于解决这个问题的动机，才能锻炼解决问题的能力。 于是向阳中心的老师利用中秋节要举行全家赏月活动时，上演"老虎吃月亮"，没有月亮就不去赏月，学生急了，拼命想办法保护月亮，花招百出。 如果空有动机却想不出一招半式，老师就要另用启发的技巧，例如用譬喻暗示法，用另一个故事或偶像的做法提供参考，有时不直接用语言引导，而是提供一些图画书或影片，让学生自己去观看，查找资料寻求灵感。 助教可以扮演学生的角色，从学生的思考角度出发说出他的解决之道，但不是直接说出，而是把自己如何想的全说出来，这叫"放声思考"技巧，即巧妙地向学生示范如何思考问题、认识问题、解决问题。

利用"呈现道具"的方法也能提示学生自其中发现可用的招式，例如"大人国"中如何喝大人国的大杯子中的水（其实是大水桶中的水）时，老师表演自一堆工具中找来找去，有皮管、吸管、大伞、铲子、卫生纸卷、水瓢等或让学生自己在教室中找来找去，也会有"啊哈！"的效果。

当然解决问题的最后一招叫作"求助于人"，向阳中心的老师常让学生把问题带回家去问家长，效果也不错。

5.促进学生"对教材的理解"的技巧

年幼学生有时听不懂或看不懂老师的介绍，利用戏剧的多重感官输入，也许有助于学生理解，但一个小组中学生的理解力参差不齐，老师要经过多出戏的尝试，找到一个多数学生都能理解的进行戏剧活动的流程。 发现这个流程后，就固定用这个模式上课，但也要试着慢慢改变才不会使师生越来越厌倦。

传统教学法中，一些用来帮助学生理解教材的策略，应该运用到戏剧活动中来。 例如采用"全语言"的观点，整体认读视觉字的方法，扩大性沟通的支持系统。 直接教学法中要求教学者清晰而有组织地说明，以及"再确认与回馈"……都要看个别学生的特质加以应用。

6.帮助学生"记忆"的技巧

学了以后能记住吗？ 问题带回家了，明天有结果吗？ 如何让学生记住他今天的学习经验并延缓到这个单元、下个单元？ 要靠学习心理学中的记忆策略，通过戏剧的手法，在动作形象中增加印象，延宕记忆。 除了学生看过戏剧现场会有视觉或亲自参与的记忆外，老师也可以设计一个代表这个问题的动作或手势或图案，在放学前又教一次手势，使学生回家后想起这个手势。 这是一个可以连结到许多时间点、地点的具体的提示信号，易学好用才行。 例如，如何保护月亮的问题，可以教学生看到比划老虎的动作或老虎的图案，马上联想到保护月亮的问题。

戏剧活动→活动后的剧照→剧照制成的图画书→图书变成的课文，这样渐进的路径有助于学生记住他的经验，以及从经验到文字的记忆。

7.准备道具不花时间的妙方

戏剧教学最怕的就是道具准备，比起传统教学只要粉笔、白纸或制作几张投影片就能用很久的情况而言，老师要花更多时间在准备表演时的花花绿绿的道具上。 为避免这件事成为一个负担，以及造成资源的浪费，建议采用"道具资源柜""半成品的朴素材料"为主。 平日有一个空间存放各种可能用于戏剧的素材，例如竹棍、竹筐、蛋糕盒、CD 盒、布块等，以及可以组合、加工这些素材的文具，例如胶台、双面胶、订书机、麦克笔等，以便老师可以很快依剧情需要组合半成品成为表演道具。 这个存放区离上课区很近，老师可以在学生想出任何点子时，马上制作出接下来要用的道具，而不是事先花许多时间去做精美的道具（如果有需要做精美道具，也要兼顾到回收再利用性）。 对于年纪稍大的学生，这个材料柜可以就在表演区里，让学生学习使用、管理；对年幼的班级，可以布置成为一个戏剧角，激发学生的表演欲。

四、戏剧教学的流程

戏剧教学的流程，视老师的戏剧素养各有所长，有简有繁，可简到仅在一节课中完成全部程序，而繁到用一个大单元的时间来走完一个戏剧的主题。 但是不管繁简，用戏剧统整的教学，大致上会经过下述三个流程：

（1）组织/计划阶段：让学生个人或小组针对主题进行思考、设计。

（2）呈现/经验阶段：将所设计的以戏剧方式呈现。

（3）观察/回应阶段：呈现时观察，呈现后回馈，以便改进。

只要掌握这个架构，教学者可以自己设计活动的步骤，比如：

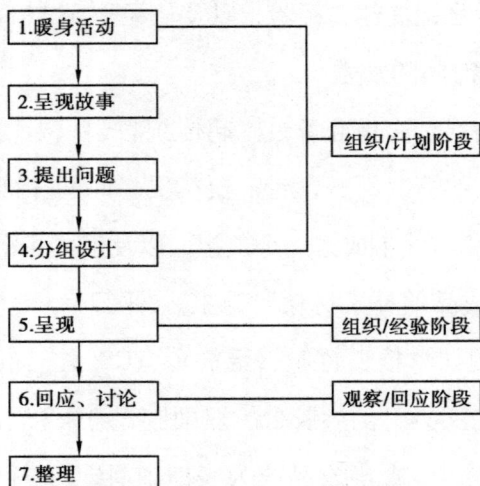

```
1.暖身活动 ┐
   ↓       │
2.呈现故事  │
   ↓       │
3.提出问题  ├── 组织/计划阶段
   ↓       │
4.分组设计 ┘
   ↓
5.呈现 ──────── 组织/经验阶段
   ↓
6.回应、讨论 ── 观察/回应阶段
   ↓
7.整理
```

有些教学者还会在回应讨论后再次呈现，使学生有所比较。 以下简单介绍各流程的做法。

1.暖身活动

对于幼小年龄的特殊孩子而言，要让他们很快进入戏剧世界是不容易的，他们不像一般儿童那么快就觉察环境，积极专注，因此暖身活动就更需要能调整他们的情绪。 建议用两段式的暖身活动。

第一段是例行的、固定的，每次戏剧活动（或主题活动）开场都用相同的暖身活动，而且最好是音乐加动作类的活动重复带动，使孩子的情绪慢慢稳定下来，主持人戏剧性地上场。

　　第二段是由当日的主持人（主教老师）带动与今日主题有关的暖身活动，先是学生个别做的活动，逐渐导入二人一起合作、三人一起合作的活动，最好在最后一个暖身活动时导入今日的戏剧主题。

　　2.呈现故事

　　当暖身活动进行到最后时，主持人已调动了学生进入戏剧主题的情绪，接下来导入戏剧的开场白就很容易了。例如，最后一个暖身活动是唱《小毛驴》，创作摔跤的动作，接着引出主持人曾经真的看到有人骑驴的开场白。

　　总之，从暖身活动转入正题全靠"开场白"，主持的老师要先想好如何转入，才不会突兀或引不起兴趣。

　　开场白之后便要让学生了解问题的情境，在戏剧教学法里这是要运用戏剧的手法呈现的。用美丽的绘本？用可爱的玩偶？用沙盘模型？用一段动态影片？或（大多数时候）是老师扮演都可以，只要符合下列三个要点：

　　（1）呈现的方式要能吸引每个孩子，而且他们能看懂。

　　（2）这个方式在提出问题后，孩子们要呈现他们解决问题的想法时很好变动。比如你录制一段电脑动画来呈现问题，你就要能在课堂上马上更改录制内容，才能让孩子看到他的想法的具体结果。如果不方便当场改制，就不能用于这个阶段。

　　（3）主持老师能随时进出故事和学生沟通。

　　另外，在呈现故事之前，要先和学生约定老师进出戏剧角色的讯号，例如老师戴上帽子就成了剧中人，脱下帽子就是他们的老师，这个设计方便老师向孩子提问。

　　3.提出问题

　　一般是用请求学生帮助的方式提出的，当学生随着表演进入剧情时，一般是会愿意回答问题的。这个问题有大有小，有些问题只是即席互动，或立刻融入剧情，但有一个主要问题是需要刺激学生多方思考，提出解决方法，然后可以师生一同入戏的。

问题的种类可能包括下列几类：

（1）怎么办？ 剧中人遇到某个问题情况应如何解决的问题。

（2）会怎样？ 让学生猜测剧中人的行为结果。

（3）为什么？ 之前可能发生了什么情况？

（4）这是什么？ 猜猜看剧中的物品、事件是什么？ 或自己创作出某种物品事件让人猜。

（5）其他。

问问题的技巧一般采用开放式的问法，其流程如下：

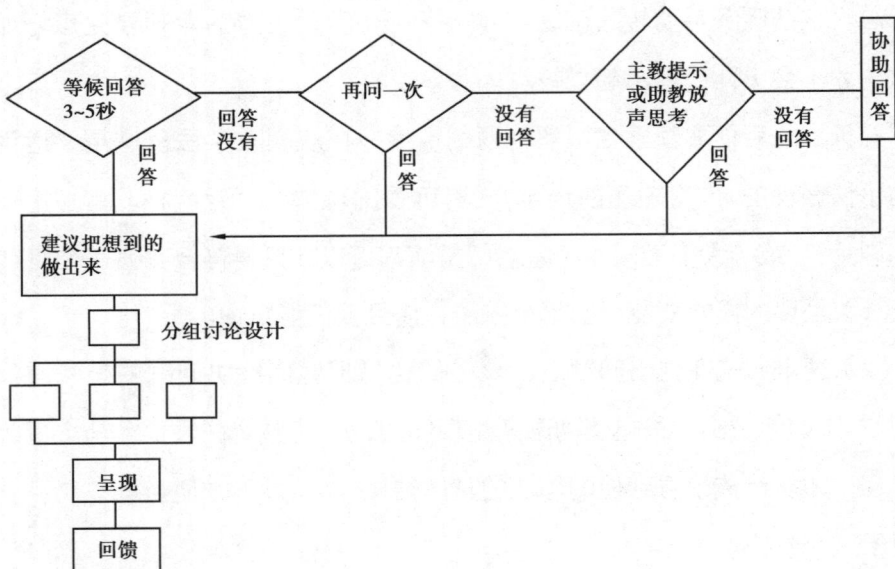

提出问题流程图

4.分组设计

问题的解决方法最好由学生分组来讨论，当然有些小问题可以即席个别回答，但针对戏剧主题提出的主要问题，是一个适合小组创意性解决的问题，需要设计出与他组不同的方法。 有时候问题是要扮演一个完整的故事或事件的前因后果，此时的分组设计，就是各组分工完成这个戏所需的各部门工作，例如演员排演工作、道具制作工作、场景布景工作、演出宣传工作等，完全视提出问题的不同需要而定，给定的时间也不一定。

特殊儿童的分组戏剧活动，需有助教参与在每个小组中帮忙组织、提示、构思。 要助教完全平等参与是不实际的，但助教要学会"放声思考"的示范模式，即把自己对问题的分析、理解、判断、解决的构思放声说出来，使学生好像能看到、听到老师的思想一样，而非直接教导。

在教学技巧一文中提到的引导学生思考的技巧，都在此时灵活应用。

5.呈现

呈现是把大家想的、设计的表演出来，此时有的学生在"台上"，有的学生是"观众"。

为了常规的培养，呈现时可以设计一定的仪式，老师还是利用事先约定的进出戏剧的讯号（例如戴上帽子），来穿串呈现的活动，还可以设计开始、观赏、结束呈现的相关规定，例如：

（1）设计一个开场仪式，观众一起喊"请开始"，或灯光明灭一次，演员才开始呈现。

（2）观众必须遵守的规则：安静、观察、记住、记录……中途不能离席，有急需（例如尿急、哭闹……），助教引导他从众人背后悄悄离开，悄悄进来坐在最后一排，尽量不妨碍别人看戏。

（3）一段表演结束时可以鼓掌或献花。

上台呈现的学生，主要是验证他们所想的解决方法是否可行，其次是可以体会剧中角色的感受，有时候是和同学分享合作创作的乐趣，而在台下的学生则主要学习观察的行为，其次是对剧情的体会。

扮演好演员及观众这两种角色，是很好的社会技巧训练的课程。

6.回应、讨论

在特殊儿童的团体中要针对刚才看到的内容进行回应、讨论，需要一个固定的模式，逐过多次观察后的回应练习才能逐步养成，并非特殊儿童没有回应、建议的能力。

"回应"指的是对所看到的理解和反应，行为表现在"会回答或说出刚才看到的情节或人、事、物"。 对于一位资深的特教老师而言，这应当不难，只是有没有养成让学生回应的教学习惯，有时候是老师急于下课或习惯于自说自答，就没有想到去引导学生做回应。

回应时，如学生忘了某些关键之处，可以请原组人员再"上台"（不一定有台子）重现某一段。 有的老师就在演员演完时让演员停顿（定格）或用慢动作，再——分析其关系（例如学生小组用肢体组合成一台洗衣机，老师可以逐一拆解其零件构造），或是重新播放表演的实况录影，这些技巧都有助于学生观众的回应。

回应后要讨论，讨论什么需有一定的议题，例如每次都要学生讨论：最喜欢谁的表演，自己的表演感觉，对结局满不满意，还有没有其他的办法？你想要怎样的结局？ 要不要再用别的方法演一演？

因此，换一些演员或是原班演员重演一次是常有的事，重演可以让学生看到不同的行为会导致不同的结果。

7.整理

整理有两层意义：环境与用品的整理，以及对本单元所学的总结。

环境用品的整理是养成物品收拾的习惯，此暂不表。 对一个单元的总结，是把学生所看到、所演的主题目标加以诠释，也会对学生的个别目标做评价，在单元结束时由老师向学生总结，之后有文字的记叙。

而总结除了是口头与文字的之外，也可以通过让学生制作出相同主题的读本、绘本、剧照、专辑等，这种有具体成品的"整理"，可以作为延续到日后各个主题的资源。

以上所提供的，是向阳中心两年来在特殊儿童班实施戏剧教学法的做法，无法尽窥戏剧教学的全貌，但有兴趣的学校可在这个基础上，再参考更多的戏剧专业书籍，创造出各校各具风格的戏剧教学。 再次强调的是，站在"教学法"的层次，它适合各种学校的不同课程实施模式，不管各校有没有采用 IEP（个别化教育计划）的教育模式，或是如何形成 IEP 的，都不妨碍它采用戏剧教学法于课堂上，也是因为如此，本书不再介绍如何形成 IEP 的教育流程。

"戏剧"作为目的

——戏剧人生的内涵与体验

2005 年的春节晚会，听障朋友们演出的千手观音技惊全国。 在一个深度报道的节目中我们知道了荣耀背后的汗水，台上一分钟，台下十年功，当千手观音以富丽堂皇的风采夺取千万人的眼光时，众人心中只有惊讶和赞叹，不是被壮观的场面震慑了，而是为这场面背后人的艰苦卓绝的毅力感动了。 生命的可贵不在于为自己创造多少财富，而在于用自己的每一天验证人的尊严和神圣！

是的，生命的可贵要用每一天的真诚和热情来体会，有些人在追逐更高级的物质成就时，不知道丧失了多少碰触自己内心以及理解生命的机会。 他们被物质牵着鼻子走，自以为对人类文明有贡献，却不知其实是赔上了全体人类的美名，岔开了人类走向神圣的选择，还不如这些残疾同胞用他们热情焕发的生命鼓舞我们，向我们宣告"这才是人性！"这才是足以抚慰我们一生的纯净的、专注的、湿润的、神圣的生命之旅。

也许这样的感动和反思是短暂的，是无法力挽狂澜的，但天赋中有一种追逐人间情义的秉性，让我们一直想把自己的感触散染开来，呼唤那隐藏在人心角落的良知良能。

谁都怕自己处于"劣势"，以为掌握了知识、掌握了商机，就是掌握了"优势"，殊不知真正的"劣势"是丧失了和同胞手拉手共同抵抗噩运、寻找出路的能力。 因此，特殊教育老师负担起了为自己的智障学生寻找出路的责任，每个学校都发挥自己最大的能力，开创不同的出路模式。 向阳中心也一直在做这方面的努力，出路不能只有一条，我们曾经试过生态模式（参见

《走进培智教育现场 2——生态导向课程教学实务》），而且这个模式还有许多生机有待探索。 现在我们尝试"戏剧人生"，也是想为我们的学生多开发一条路，如果这是一条奇妙有趣的路，我们认为：其他特殊学校的毕业生也可以走这样的路。

不管走怎样的路，重要的是每个人都不要错过在路程中发现自己、发现生命的喜悦。

一、戏剧对青年智障者的意义

（1）戏剧的最后成果是公演，而公演需要有观众，戏剧可以成为青年智障者与观众有意义地互动的桥梁。

问题是如果我们的演出不够水平、不精彩，观众怎愿意接二连三地来捧场呢？

因此，我们首先要成立一个剧团，建设一个剧场，在严格、专业的训练下，排练一出出趣味盎然的舞台剧。

我们剧团叫"向阳童剧团"，剧场就叫"向阳剧场"，坐落在向阳中心内，而排练场可以扩及临峰山受评山庄。 向阳童剧团并不是指儿童演员，而是"演给儿童看的剧团"之谓，向阳童剧团的演员是向阳中心的老师及学生。（这群学生如何从学生塑造到业余戏剧工作者，到追求成为专业戏剧工作者？ 向阳学生的戏剧生活请参阅第二幕《璞玉居的日子》一文。）

（2）戏剧的模拟性、想象性可以让演员体验不同的舞台角色，经历现实人生无法经历的见闻与感受。 这也是向阳童剧团成员与众不同的人生阅历之一。

（3）戏剧的舞台美术的要求，让学生的手工、劳作有了目的性，相关的剧场工作如票务、清洁、道具管理等，成为无法就业的智障青年的有实质功能的"工作"。 而"工作"，是完整人生之必需，是生活之重心，是让人有自尊、自信、自觉对别人重要的一种人类活动，不管是正式或非正式的工作。 而剧场，提供了大量有意义的工作。

（4）对演员的专业要求，需要集体锻炼体魄与意志，"台上一分钟，台下十年功"，为了要在台上呈现最完美的自己，平日要把自己各方面的潜能激发出来，修身养性是演员的基本功。 公演前一个月，全体演职员必须将自己的身体、姿势、表情与声音完全开发出来。 这时各种练身、练声的活动就充实了青年的每一天、每一时。 例如，健跑、太极、瑜珈等，甚至要能进入潜修静默，进入视察自己内心、稳定情绪、牢固意志的境界。

是戏剧，让这些努力变得有意义！

是戏剧，让各种不同见地的生命手牵起手来！

为学生展开戏剧人生，下面我们要认识一些戏剧专业的相关知识。

二、戏剧的要素

构成一出戏，以下四个要素缺一不可，而形成一出戏的过程，就在于精心地经营、展开这些要素：

（1）剧本：来自故事以及剧作家，以及对剧本的演绎。

（2）空间：故事场景的具体呈现，包括对任何空间的设计。

（3）演员：故事角色的具体呈现，包括外在的与心理的。

（4）观众：是希望沟通的对象，也是戏剧人生的评鉴者。

贯穿上述元素的"指导思想"，是一出戏的"哲学理念"，它想告诉观众什么则是一出戏看不到的"精灵"，它在所有参与这场戏的人的脑海中指挥大家思考、创造……

三、剧团的组织

一般剧团的成员包括行政组及艺术组，其角色关系及功能如下图。

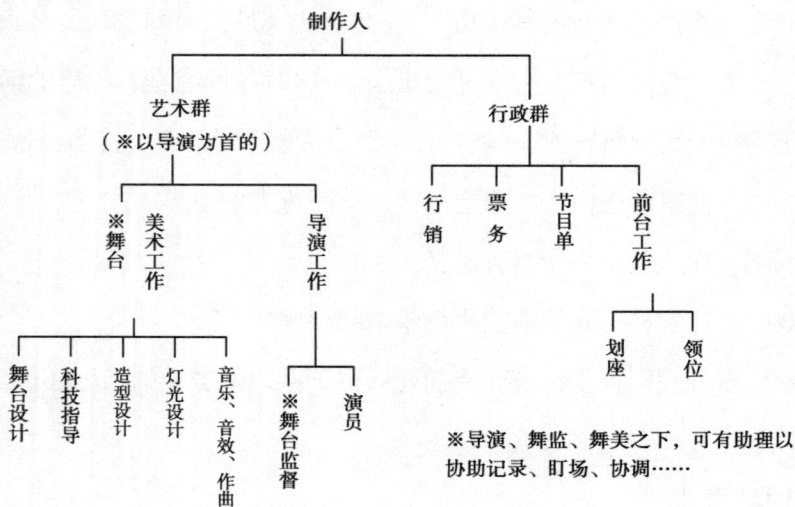

剧场工作组织图

四、剧场的建设——表演空间

表演的场所可以是户内，也可是户外；可以是正式的舞台，也可以是一个简易的空间。

舞台可以是升起的平台，也可以是与观众席同高的地面；舞台可以与观众席对立，也可以让观众三面或四面环绕，就看你要达成哪一种效果。有一些街头的表演会运用整个城市的特点，难度特别大。

对一个特殊教育中心而言，与观众面对面的小剧场形式是较佳的选择，原因有三：

（1）与观众席同高的舞台，可以拉近演员和观众的距离，有利于融合与互动。

（2）不要高起的舞台，节约许多搭台经费，小剧场形式也较节约空间与建设费。

（3）舞台面积虽小，仍需要有基本的布幕、灯光、音响等剧场配备，因为一出戏有了灯光等效果，显得更加精彩好看，可以弥补在剧本、演员方面的不足。

向阳中心小剧场面积 80 平方米，配备了布幕、灯光及音响，（当时）总共花费了约两万元人民币，灯光的装设及使用说明见"舞台灯光"，布幕的装设及使用说明见"舞台美术魅力"。

向阳中心小剧场

五、戏剧的流程

一出戏从选择剧本、组织成员开始到公演，大约经过以下流程：筹备期—排演期—演出周—首演公演—检讨。

（一）剧本的形成

1.剧本的构成要素

剧本来自一个想法、一个想表达的信念，组成一个故事大纲，由故事大纲发展出剧本，再从剧本的要素中去分析剧本的内容。

（1）主题：就是一个故事或戏剧想要表达的理念。例如，"三个和尚"要表达的可能是"自私"和"合作"的后果。对特殊青年而言，戏剧主题的选择可以该年龄的应知应想的概念为主。例如，尊重别人的感觉、文雅的要义、热心助人、家庭责任等当然它可选择符合他们心声与困境的问题。例如，无法融入社会的遗憾，再努力也无法成功的无奈，被接纳与认同的欣慰，同在蓝天下的追求等。 如果演员是学生，则可参考他们的教学目标来决定教学主题，例如参加婚礼、奇妙的旅程等。

（2）角色：故事中的角色可能是人物，或是拟人化的动物、无生命物。 戏剧中的角色是有背景、外貌、价值观、个性及其欲求的，这些都会影响剧中人的对白，包括角色的动作、声音、表情、口吻。

对角色的理解和诠释，往往是特殊青年较大的功课，也是导演最需突破的。 导演会向演员"说戏"，诠释角色的背景、个性以及他在事件中的感受。如何向特殊青年"说戏"，如何从特殊青年的理解能力及经验出发，帮助他们了解角色的感受，以便做出适当的动作、表情？ 对一般演员而言，可以指导他们从剧本中体会角色，从角色的角度写一篇角色的"自传"，例如：我是什么人？ 大约年龄？ 职业、爱好、个性、对事件的看法，对其他角色的评价等，使演员对所饰演的角色有较深入而全面的认识。 对特殊青年而言，也许可以用文字加图的方式把几个自传的重点画出来，教他去观察一个和角色的个性举止有点像的人，画出他的外表、动作、身体姿势、衣着习惯、行为以及常用的话语、声调等备用，这些可以养成他们观察人的能力。 对于剧本创作者而言，他也可以经由上述方式使角色活起来。

（3）时空背景：故事或事件总是发生在某个年代、时间，总有个发生的地点、场景，确认了这两点，剧本才好描写，服装与造型也有了依据。

从特殊青年的特质而言，虚幻的、超现实的场景是不易理解的，变化太多的场景也增加了难度（记忆以及布景设计上），但不一定会增加可看性，因此场景最好不要选择有三个以上不同的变化。

（4）故事情节：在某个时空之下，角色的遭遇与想法所产生的一连串事件，形成一场场的情节，这些事件有特殊因果关系以及出人意表的发展，成为吸引人继续看下去的磁石。 这些情节里面要饱含冲突、导向高潮，并且要有一个感人的结局。 好的故事情节把读者或观众笼罩在某种氛围中，观赏的过程饱含那种情绪，蓄势待发。 如何制造冲突？ 冲突有时来自人与环境的障碍，人与人之间价值观的不同。利益的衡量角度不一，有时是角色自己的两难困境，这些冲突呈现在观众面前形成一种张力，使观众也深深纳入这种困惑不安或是亟须得到释放的感觉。

高潮可以透过演员的表现与导演的处理逐步累积而致，但剧本中也可以埋设许多高潮，供演员与导演发挥。高潮可以埋在每一场或每一幕的结束时，使观众心情激动不已，也可以只安排在整出戏的结尾，引人深思。在结尾的高潮，往往是剧作家对整出戏的主题的主张，因此又要回到为什么要呈现这出戏，想让观众思考什么初衷，去设计结局前的高潮。从教育的角度讲，童剧团的戏，结局都是温馨感人的，说教而不落俗套，与世俗观念不同的结果，提示了观众对自己原本漠视或习以为常的观点进行反思，当然不是所有剧本都能有这种功力。一般而言，能上观众的心里觉得平安喜乐就不错了。

（5）节奏：一个故事或一出戏占有一段时间，而一段时间中发生的事件是有节奏性的，和缓平淡或紧凑急促或松紧有致。就如音乐中的抑扬顿挫、文章中的起承转合代表不同阶段的节奏。一般而言，一出戏的节奏在开始时较强，第二场趋缓，第三场渐入高潮，之后高潮紧凑至极致，结束之前又趋向平和。当然，也不一定都是这个公式。

向阳剧场 2005 年夏演出的《花婆婆》，描述了一个在市井中卖花的老妇人，供养女儿上学的故事。其中一场菜市场的戏，冗长得令人心烦，却营造了一种希望局面有所突破的气氛。《真假李逵》中的四场戏（如果把假李逵回黑店之前后也分为两场的话）的节奏、时间非常平均，速度也差不多，可以说四段戏都是高频率的演出，让观众目不暇接，丝毫不敢放松，这种戏剧节奏其实蛮适合特殊青年的剧团演出的，因为演员可以不假思索地照本宣科。

当把剧本的主题、背景、角色、高潮、结局、节奏等元素构想清楚后，就可以着手形成剧本了。

2.剧本的叙写

以上这些元素，大体会通过"旁白"和"对白"表现出来。

（1）旁白：角色能自己用对白说出来或演出来，让观众明白的就不用旁白，除非旁白有特殊的作用。 但以特殊青年剧团而言，旁白如果巧妙地应用，正好可以弥补特殊青年口语表达不清，无法记住长段台词的特点。 在"猴子偷帽子"这出戏里，向阳剧场就用一个说书人的旁白交代了故事情节，卖帽子的小贩只要叫卖及问观众"帽子呢？"即可。

（2）对白：对白依据剧情的发展，节奏的需要，角色的身份、欲求、个性等设计形成，大部分的台词都在显露剧情的因果关系，尤其有些转折性的关键台词更需引人注意，让人一听难忘。

（3）潜台词：台词与台词间隐藏许多空间、含义或已完成的动作，先前经验等，可供导演及演员去发掘、观众去体会，但这并不会明写在剧本中。

3.剧本的规格

剧本的规格包括：

（1）剧名。

（2）编剧者或改编者。

（3）角色：可大致描述角色的身份、特点，但也有不描述的，由导演、演员去创造。

（4）对白、旁白。

（5）舞台指示、场景描述：简单描述角色的上下场、语言表情、对象等。

（6）分幕分场：同一场景可仅以暗场为记，则只分场，若需换景则需拉合大幕，需分幕。 有些戏只有分场而不分幕，有些戏既分幕，幕内又分场，就是较复杂的大戏了。 通常一幕戏都会超过30分钟。

4.剧本的选择

通常要大声朗读剧本才能感觉这剧本的质量，当剧作家完成剧本时，可以请几位音质、感情适合剧中角色的人，一起来分别读剧本中的角色、对白及舞台指示，让导演、制作人选择一个合适的剧本来演。 所谓合适的条件，是根据剧场的空间、演员的阵容、节目的类型以及想表达的思想等而定。

（二）组织成员

在一个剧团的组织中，已有固定的行政人员（如公关、票务、领位员等），但在一个特殊的青年剧团中，为了让青年尝试、分担不同的工作，每出戏都可以重新向剧团成员招聘或分担各种任务，包括行政工作及艺术工作。

一般而言，导演会由老师或外聘专业导演担岗，而由团员竞争导演助理上岗。舞台监督亦如是，也就是说以指导者为主而特殊青年为辅。在真正公演的戏剧工作中，这样忠于专业是应该的，特殊青年自由发挥他的特质。例如，当演员，他可以选择最想演的角色，在志愿表上填好，到了选角大会上，他可以就这个角色的体会，演上一段台词让导演决定谁适合演什么角色。当然他也可以选择学习管理道具或票务的工作，一场戏的形成与公演，有许多有趣的工作可做，指导老师完全可以依照正式剧团的方式招考剧组人员，使戏剧的气氛笼罩剧场。

如果剧团中有学生成员，也可以考虑依据其教学目标的要求，引导他学习相关的技能，例如舞台美术、前台领位员等。一旦各就各位后，导演就能先和舞台监督、美术做初步的讨论。从剧本的形成到演职员的分工讨论，算是戏剧的"筹备期"。

（三）排演

排演就可看出一个导演的组织能力和戏剧经验。完成一出戏要整合各部门（演员、舞台美术、舞台监督、宣传等）的功能，最好要有非常有效率、在行的舞台美术成员及舞台监督者，导演可以全心地导戏，在适当时间才去协同舞美做出剧情需要的布景、灯光、道具及造型。

排演的工作包括：

1.排演时间及场地安排

计算好从排演到演出的时间，排定演出工作流程表。这个工作流程表还包括到演出周及公演日程的工作行程。

排练场地一般可利用演出的舞台（剧场），但如果剧团没有自己的剧场，则需另订排练场，有时会分组排练，则需有第二个排练场，不论几个排练场，一定要把演出舞台的面积、尺寸，同样地画在排练场的地面，排练时演员及布景、道具就要在此范围内练习，以便有实际的知觉。等到演出移到真正的舞台彩排、公演时，能有一样的定位及路线。

2.读剧本与熟背剧本

虽然在排练中有可能稍微更改台词，但除非是即兴演出，一般都得依既定的台词演出。有些剧本是动态形成的，是导演和演员逐步发展的，但一旦发展成形也会成为必须遵守的台词，尤其是一些具有"讯号"意义的台词，更是不能忘记或更改，以免同台演员等不到提示语。因此，导演助理要让演员利用各种零星时间背自己的台词，以及和别人对台词（例如在缝制自己的服饰的同时）。刚排演时，演员可以手拿剧本，但排到一定程度就得丢掉剧本。

3.了解剧情以及角色心理

导演或者忠于原剧作者的意思，或者酝酿自己对剧本的诠释，指导演员演戏。导演有许多策略引导演员深入理解剧情及角色，使演员对角色的演绎不是只有台词的浅显层次。演员对角色的性别、年龄、背景、个性等要有一套假设，清楚这个角色从小到大的遭遇和思想，以至于他会在剧中的某时说出那句台词，是最自然不过的了，因此演员可以做一项功课——为该角色写"自传"。

导演有时要激起演员对某段剧情或角色的认同，会借助一些性质相近的经验之谈，使演员回忆起或体会出该角色在当时的感受，"就好像……"，如你那天半夜搭出租车回家时的忐忑不安；他不是怕老婆，也不要把老婆演成那种悍妇，她其实还有点慧诘，不可能嫁给不可爱的老公……听导演"说戏"，起先以为不着边际，绕了几个弯，原来是在帮演员分析角色心理，梳理故事的道理。

4.设计舞台动作与表演方式

依据剧情的发展，演员逐一进场、退场、移动、对话、做动作，有些靠演员的演技，有些靠导演给予刺激。 例如，剧情中有需要演员"急跑"，演员可以表现得跑很快，但却没有急的感觉，此时导演可以找人陪他玩"抢带跑"的竞技，使他体会急跑的样子。 导演也可以利用每次排练前的暖身活动，预习剧中所需的动作或表情、声音。

演员在台上的移动、走位也是具有意义的，尤其是两个以上的演员在舞台上出现，又有道具摆置其中时，他们的相对位置、距离，成为舞台上的构图。不但暗示了角色之间的"关系"，也能制造出某种张力，更重要的是形成了一种视觉上的美感。

两个以上演员表演时的默契，要靠导演来协调。 例如，当四只小动物全都望着由山下往山上冲的柴禾时，导演要他们共同望着舞台下的一个记号点以免变成四个演员看匹个柴夫。

总之，排练虽暗藏技术，但呈现在观众眼前的却是自然灵活，这就是演员移动的最高境界——"有机地走位"。

5.设计舞台的视觉效果

当舞台上一片全黑时，任何颜色的出现都是鲜艳抢眼的。 导演与舞台美术必须设计出符合主题气氛的视觉效果，透过布景或道具，以及设计出其摆设的构图，告诉观众事件发生的时间和地点、人物之间的关系。 布景或道具有写实的或抽象的，依据剧本的特色设计。 写实的布景或道具也不一定全用真实的场景和用品。 例如《真假李逵》的戏中，为了制造武打的热闹效果，只好用摔不破的假酒罐、假碗盘，但必须不能"假"到让观众不愿相信的地步。 例如宋朝年代的一个酒店托盘，不可能露出塑料的底子，就必须找一片花纹类似木纹的壁纸遮贴，以防晃动托盘时漏出底来。

6.人物的造型

角色的身份、性格、习惯，通过"造型"来凸显，既要达到视觉效果，又要能让观众对角色认同，这包括服装与化妆两部分。

导演一般会依据角色特点的需要来塑造演员，较少以演员的特点来为演员造型，导演把他对角色的诠释告诉造型设计师，造型设计师就为演员"张罗"

服装、发型及化妆。 一般来说，一部戏的服装造型越讲究，这部戏的质量越高。

7.开始排戏

（1）暖身。 进入排演期后，演员组必须在每次排演前做暖身活动，使肢体、声音及心情进入最佳状态，暖身活动可以是纯开发身心的，也可以是和剧情有关的练习，一般会有一小时的逐步打开身心的过程。

（2）排戏时间。 一出戏的排演时间，视戏的大小以及戏的精致度而定。以童剧而言，成人演员有的只排演一次就上场（通常在幼儿园中如此），大多要有一周至两周的排演、设计、调整、创造，做到精益求精。 向阳童剧团由于有特殊演员，排演的时间花得更多，一出戏有时要排2个月才稍熟悉，在排戏期间往往会到不眠不休的状态。

（3）排演顺序。 排戏时一般依据剧本一场一场地排，有些特别的场戏，可以抽出去另外加强练习。 例如向阳剧场演过的《花婆婆》中，有一场5对男女演员跳交谊舞的戏，要教不会跳的演员跳，要练出默契，又要符合剧情，还要随机走位等，导演便委由助导或专业教舞者，或演员中的能舞者，另辟排练场去加紧练习，到整排时才凑在一起。 整排通常到了排演后期，导演仍在做调整，有时会只在各场次走位而不说对白，看看协调性与视觉效果，同时在地板上做好变化点。

整排后各种布景、道具都要做好记录清单，备妥并管理好这些物品。

（4）排戏时的主要工作。 在排戏过程中，导演和演员及舞台监督、舞台美术会共同发展出：

①每句台词的动作：不只角色的动作，还包括其他角色的反应或相关动作，一句台词在剧本中只占一点点空间，在舞台上可以有丰富的表现。

②台词与台词间的动作：台词与台词之间，也有无限的空间可以发挥，包括潜台词，动作事件的铺陈。

③灯光、音效、造型的基本构想与考据：对于台词、布景、道具、服装、音乐等的细节（如年代、环境的考据），做进一步的设计与调整，如导演为了

寻找江津城内的第一个酒店，搭船过长江去实地考察，发现酒店的大门方位、长江夕阳的方向等。

④布景道具的摆置与应用：会经常调整对布景和道具的设计与换景练习。越专业的、充裕的舞台美术资源，越能使导演发挥创意。当然这对一个特殊人士组成的剧团，在资源的供应方面是较不宽裕的，如何运用最少的资源而不失其美感，俨然成为特殊教育人员最大的挑战。

（四）演出周

演出周即为正式公演做真实的、完全的准备，务求各个艺术设计、技术支援及每一个环节、细节都能安排就绪、完全呈现，演出周的主要工作包括：

（1）装台。演出场地的地板、布幕、灯光、布景初步安装好。演员可以不在剧场，舞台监督需指导确认各变化点的位置。

（2）技排。最主要的是灯光的打法、布景的换景练习以及演员走位的确认，尤其是如果排练不是在演出现场，则需要在演出场地上算好布景、道具及走位的变化点（用萤光贴纸），布幕定位到观众不会看到后台演员及换景人员的位置，做好记号后就不能动它。

演员必须配合调灯光及音效变化的需要，正确地演出并给对正确位置，让灯光师对好灯光。

（3）彩排。彩排是和演出一模一样的排演，只是没有观众。灯光、音效、服装、化妆、道具布景、演出完全上场而且不能打断，只能记下缺点在彩排后检讨改进，检讨会必须全员参加以有效解决问题。

彩排通常是在公演的前一天，必要时还要彩排两天。有的剧目会有预演，可以有一些特约观众。

由于公演时不能在现场拍照，因此会利用彩排前后时间，演员正式化妆后拍摄剧照。剧照通常以一台相机闪光为主，避免多台相机同时闪光影响照片效果。当然如果为了宣传或制作公演海报、节目单的需要，也可以提早拍剧照。拍剧照或现场录像的设备另有专业要求，此处不表。

（五）首演与演出

（1）首演即正式对观众公演，台上的任何错误皆无法重来或补救，这和电影影片可以重拍是不一样的。 所以大家的压力都很大，导演要能鼓舞大家。

（2）一出戏的演出通常不止一场，有时会连演几天几场。

（3）演出的主要工作包括前台、台上及后台的工作。

①前台是行政、宣传、票务、观众接待、安全的工作。 公演时不论是否卖票，一律要凭票进场（对小剧场而言）。 公演前半小时开始让有票观众到休息区等候，等后台准备就绪，会给前台工作人员一个提示，才能放观众进入观众席，通常是在开演前20分钟。 这期间禁止观众（演员的亲友）进入后台，演员一旦上了戏服戏妆，不可以让观众看到，不能会客、接待亲友，这是专业要求。 前台观众席的座位及标号要清楚美观，从舞台中央线往左右两边分单双号划位，若只单一入口则由入口外往内依序定座号，方便观众找号。 先到票口的观众先到中间的座位，然后尽量先到靠里面"不妨碍交通"的座位，靠剧场门口的座位留给开演前最后到的观众。 通常开演后即不应再让观众入场，以维持剧场平静的气氛。 所谓的"开演"，会在后台的舞台监督查核了前后台各项灯光、布景、演员、道具等一切就绪后，让灯光师在观众席上的灯明暗一次，告诉观众快点坐好，调整好心情，戏要开演了！ 然后观众席就会黑了，只剩一个聚光灯投在黑色大幕上，在观众注目下，幕缓缓拉开……导演就在观众席中做笔记，以备戏后针对今天演出的状况进行鼓励与补救。

②后台及舞台上的工作由舞台监督掌握，他要确保每个布景的转换，大小道具的提供，服装化妆的确认，演员进出场的顺序等，还要与前台保持联系，例如有中场休息时要联系重新开幕。

③换场景时，由于剧场灯光全暗，换景人员要争取在最短时间内，辨识舞台上的荧光提示点又不互相碰撞，确需一再练习，必要时可指定专人为换景者打手电筒，微弱的光打在幕后地面上帮助行动。

④所有工作人员、演员知道剧场的消防设备及逃生路线，以便在火警时疏

导观众。　正式的剧院有专业的防火建材及设备，一般小剧场也需在建设时注意多个安全门、应急照明、灭火器，最重要的是安全地布置电线以及安全用电，并在剧场范围内严禁烟火。

⑤在小剧场的演出注重与观众的互动，因此可以在谢幕之后让观众（有些是演员的亲友）和演职员合影，会有一些欢愉的气息，但有时舞监要主持拆台的工作就无法进行拍照合影的活动。

⑥每场戏后，导演会领导大家做检讨。　如果是全剧都演完，就算完成了整个戏剧工作，剩下的就是庆功宴了。

当然，特殊剧团的公演还可以自己搞个剧评。

在剧团休息以前，也可以由导演召集大家做一个总检讨，以增进大家的艺术素养，并为下次的合作打下基础。

六、向阳童剧团的实践心得分享

（一）从戏剧表演到剧场人生

向阳中心青少年班（后来的向阳青年部）组成的"向阳童剧团"，基本上依照一个正式剧团的方式运作，学校领导是制作、监制，班主任是导演。　每次暑假，几位导演和制作人需一同决定剧目与大致剧情，假期中准备剧本以及相关资源，开学后就为一出戏组成剧组成员，依据"筹备期—排演期—演出周—首演公演—整理"的程序，尽可能专业地为公演而忙着。　2005 年夏天，青少年班有三个毕业生，也很自然地进入向阳的"青年部"，加入"向阳童剧团"。他们的生活就更像专业演员了，每个星期一到星期三，他们在临峰山的受评山庄，于大自然中接受身心灵的锻炼，除了每天照顾好自己的食、衣、住之外，主要活动就是运动与"灵修"。　运动是健行、跑步、干农活等，而目前所谓的"灵修"，只是一些身体和心理合一的锻炼活动，例如打太极、做手工艺等，希望通过这些活动，使他们在舞台上能更好地表现自己。　当然所有这些加起来，无非是希望能充实他们生活的每一天，让他们感到生命的富足和喜悦。

（二）剧场笔记

从专业的标准来看，一个特殊教育的机构是很难达到戏剧专业要求的，除了因为演出者有些特殊人士外，特教机构及老师也很难专职只为戏剧而工作。如果真要搞专业剧团，就得找到一些有艺术天赋或以戏剧为职业或是戏剧专业毕业者来组成主力，带着特殊青年一起生活、一起锻炼，才能达到专业的水平。既然如此，为什么我们还要找专业的导演，用严谨的专业要求来为向阳中心的教师团进行严格的戏剧训练呢？

向阳中心在过去的两个暑假都举行了戏剧工作坊，都是从台湾请来专业的导演和舞台美术来为特教老师进行整个戏剧流程的培训。由于导演对剧场的规格、道具的挑选，演员的行为态度以及一丝不苟的要求，有的老师认为我们又不是专业的戏剧学校，也不可能有那么专业的设备资源，"干吗要求那么认真呢？"

其实，从一个特殊学校老师的角度而言，学任何一个专业，都要把这个专业学得深入而全面，包括它的理论架构、操作技术、专家精髓、流派特点等，然后才能在需要时精确有效地应用在自己的教学上。最怕就是在研习时就粗率判断它适不适合我用，若不适合就不认真学习，错过了掌握一门专业的完整知识技能的机会，如此则自己的特教专业就会一直停留在一个水平无法突破成为杰出的特教老师。

如果我们千里迢迢请来一流的导演教授及一流的舞美，却不让她们好好地把她们的专业知识技能发挥到极致，那如何能尽窥戏剧的奥妙？当然导演的要求对于一个经费有限的特教机构而言是奢侈的，但如果每一个要求代表一种品质的标准时，让导演有机会、有灵感去提出更多创意性的要求不是可以启示我们更多吗？因此，在举办二期的戏剧研习营时，我们是知道要花一些额外的人力物力的，只是没有预料到许多小细节也会动用不少经费。例如某个角色的服饰如果是借来的，不符合戏的风格，只好定制，万一风格改变就得重制。这在正式的剧团中只要导演一句话，服装造型师及道具管理人员就能完成，因此导演可以海阔天空地去具象他的角色，以达最佳艺术境地。 但要导演在此时以克难的精神创造简朴的布景道具，又要达成和他认知的一样美好的效果，不但是强人所难，也会让学员失去看到"最好"的作品的机会。 唯一之计只有动用向阳中心的各种资源以求一出戏的完美呈现。 虽然最后戏剧工作坊对外公演的六出戏（两期各三出）不是导演、舞美最满意的结果，但对许多第一、二次接触剧场工作的特教工作者而言，形成六出戏的过程是终生难忘的体验，许多学员至今怀念不已，经常在问"何时再办戏剧坊？"

在戏剧坊追求的、已实现或没实现的理想中，有许多戏剧专业的闪光点值得想把戏剧引入教学的特教老师们参考。 现以工作坊观察笔记的形式贡献于下，有点戏剧底子的同仁应该一看就能心领神会。 但要注意的是，外行人的观察笔记，不能代表戏剧专业的正确理论。

（三）关于暖身活动

（1）有些暖身活动要充分利用许多开发身心的运动让自己的肢体与气息周遍全身至可运行自如的地步。

（2）有些动作的设计是配合气息的运作，气息的运作是配合发声发音的效果，有些姿势动作运气可以顺势导引出最好的声音，而声音是戏剧的灵魂。

（3）声音的变化有高有低、有大有小、有长有短、有连续有断续、有表情无表情、有节奏有规律、有个人特质，重要的是要清晰可闻。

（4）暖身时，勿想太多，凭直觉做出来让别人跟，自己再把它调得更丰满，但不是变化。

（四）了解团员的特质

（1）对陌生的团员，利用一些小活动来了解其特质（外向、内向？ 保守、开放？ 肢体、声音？ 企图心？ 创造力？），例如自我介绍、观察活动表现。

（2）通过让团员先填选 2~3 个志愿，包括演员和艺术部门的工作，再和团员一一面谈，问他们的专长、为什么要选填这些志愿，之后分析他们的用心。

（3）利用甄选演员的活动，让应征者一一上台表演一段剧本中的角色行为。

（4）在平日的生活中、工作中观察学员的特质。

（五）了解剧本的特质

一个剧本的好坏，合不合适搬上舞台，合不合适某类演员及观众，都要对剧本有敏觉性，如何感受剧本？

（1）光用看的、默读的是不够的。

（2）要朗读出来，一个人从头到尾朗读不如按角色分配不同的人来读，因此形成了读剧本的专业队伍。

（3）读剧本时一人一个角色，舞台指示也要一人来读。

（4）挑选读剧本的人最好其性别、年龄、特性、声音特质与剧中人相近。

（5）可试着先用自然平顺的声音读一次，再依各人对角色的诠释用上有表情的读法，但勿用太夸张的语气，以免个人左右了剧本的气氛。

（六）帮助演员了解角色

（1）说戏：和演员谈戏的主题和基调，谈角色的个性和欲求，从别的例子去反映角色的心理，从自己的经历去解释角色的行为，因此导演是很有社会经验与反省力的。

（2）教演员观察：到市场去观察小贩如何叫卖，到农村赶集处去看农民的行为举止。

（3）当演员对角色的遭遇、心理、个性、欲求、价值观、习惯等有所体悟后，可以为自己的角色试写一份"自传"，用"自传"来为自己的角色定性定位。

（七）排演要诀

（1）台词和台词间有许多表现空间，例如转折处可利用中介物、搬个凳子、移个位等，没有台词的人也有戏。

（2）对潜台词的体会会影响动作、声音、表情。

（3）行为要加上心理因素才有演技。 例如，着急地跑不是只有跑的行为，还要有着急的心理，如何演？ 只有设计一些情景让演员去体会。

（4）不是台词讲完了就下戏，而是"带戏下场"，使这句话的效果延伸至下一场，因此有些台词不是句点而是转折点。

（5）旁白也是一种表演，舞台上的动作与旁白呼应。

（6）在舞台上已具象的就不用"说"给观众听了（这是以为观众看不懂）。

（7）舞台上的语言："一杯酒始终喝不完"→"很忙""最后一口喝完"→"很忙""夫妻一人一个手提行李箱"→"常出差"。

（8）勿背对观众。

（9）动作要准确，勿漠棱两可。

（10）对观众讲话时眼光可看定最后一排观众，以免眼神飘忽。

（11）动作分析：先学会跳交谊舞的基本动作→笨拙与优雅的两种动作→配对再跳→依"走位"来跳。

（12）定格时要把自己塑成一个雕像，也是一件工艺品，这是在练"定力"，演员要学会"入定"。

（13）剧中角色的行为如何让观众认同？ 尤其是他的行为异于常人时更需要铺垫（合理化）。

（14）任何戏剧都有一个核心主题，代表剧作者的哲学思想或对现象的诠释。 一个小剧不一定要有大的主题。

（15）不要写自己不熟悉的事。

（16）对戏剧发生时的当代环境的考据（含政治环境、社会环境、宗教环境、态度导向等），有助于对角色造型、布景、道具、音乐的选择，必要时应去做实地考察、访谈。

（17）戏剧的经济原则：注重戏剧的深度处理，不一定场面要大、人要多、事件要丰富。例如，演残疾孩子上街遭排斥，碰到一个排斥的人就可以演很多戏，而不用很多人来排斥。场景也不用换太多，有时一个空间就能发生足够的事件（例如"老鼠嫁女"）。

（18）曲艺类的戏在结束时也要有料。

（19）即兴戏：导演只给演员一个原则、一个大纲，演员可以自己去发展。例如，四种家庭、吵架时丈夫不能让。

（20）戏剧在发展过程中演员要自己写排演日志，舞监从旁记录过程。

（21）要有候补演员，有时有两套人马。

（22）"捡场"要捡到全部人都就位才通知灯光。

（23）前后台工作人员都要配手电。

（24）全黑的舞台，连换景人也要穿黑衣。

（25）换场下场找最近的路。

（26）快速换装，可内穿紧身衣。

（27）为演员准备化妆台、镜子、水。

（28）演出中若摔了道具或有失误仍应从容继续。

（29）只要有观众，舞台就有神。

（八）关于舞美要求

（1）导演一般会以剧中角色的风格来造型，而非以演员的风格来造型。

（2）舞台美术的部分要让观众有认同感，尽量符合实情，若是抽象的要能让观众共鸣。

（3）挂的图片要画双面，以防飘起时露出背面，手上的道具也要考虑周全。

（4）抽象景：用一张椅子当"山"，两张椅子当"树"，演员说"此山是我开，此树是我栽"时，手分别指之，观众就知是山，是树了。

（5）角色造型是依角色，建议不能因个人不适应就偷工减料。

（九）关于剧场素养

（1）台上的错误就像人生中的错误，时间一去不回头。

（2）一个人的缺点会成为整个剧团的缺点。

（3）不能笑，不能尴尬，只要专注，投入角色就不会笑。

（4）以演员的态度看待自己，上场就是专业；以票友态度上场，观众就会感觉你是业余。

（5）台上不警惕，引起的失误，好似人生中的失误一去不复返，人生没有十全十美，但可以好奇的是：可否像戏剧一样透过天时、地利、人和以及自己的认真专心，而可以止于至善？ 观众就好比一个超然的自我，冷静地看着台上的一切，自己的一言何时精彩、何时失手，都毫不保留地呈现。

（6）为了上台的一刻，艰苦地、认真地、安静地缩在窄窄的后台中等待上台的身影，令人感动流泪。

（7）在剧场中要眼观耳听，机动敏捷应变，勿只顾玩笑，在剧场要有分寸。

（8）朋友在台上演戏，太熟的观众朋友勿笑，勿影响演员，这是观众素养。

（9）剧场工作很不容易，要在剧场立足要有三头六臂，否则会因一个人的疏失影响全局。

（10）开演前要照顾好自己的情绪，自己暖身，勿嬉闹、忙乱。

（11）心境要进取，语言要精准。

（12）恭敬舞台，修行剧场。

戏剧与教育的相关技术

梁英

一、导演部分

酷暑里，没有空调的剧场，终没辜负火炉的盛名。 身在其间的剧场工作者，经由一个"炼"字，依稀回到剧场发展史上，导演的洪荒时代。 那时候的导演是不被重视的，因此也鲜有相关资料的完整记录保存。 在 1850 年前，导戏工作大部分是在指导方面。 那时候的剧场，自有其一套约定俗成的"指导导戏者"规则：剧作家挑选演员，演员以剧作家所期盼的方式朗读脚本，剧作家向演员解说的多是舞台上移动的动机、方式、时间、地点等。 而后经过短时间的排练，戏就上演了。

当导戏从指导性作业，成长为创造性作业后，人们普遍接受现象学作为观照事物的方式时，固有的标准形式被打破。 艺术也受其影响发生了很大的变化。 例如，"如何写诗的论述"之类作品就显得荒诞可笑了，而作为综合性艺术的剧场，虽然受其形式的限制（投入的财力大、涉及的人员多、所需时间长）变化缓慢，但终究也在跟随社会的步伐前进着。 其推动者，正是导演。

当导演步入现代时，作为现代导演的原型——因应剧场发展的需要而诞生出的、协调各种不同意见、安置剧场各种设施而出现的剧场工作者，他们因为缺少哲学或美学的底蕴，而选择了历史性的真实，他们营造一种统一且正确的布景风格。当表现主义取得立足点，历史的肖真性的标准便逐步退去。导演努力经由布景、风格、场面调度以及脚本来沟通，以形成该戏形而上的意义。印象主义的出现,使导演与剧作家取得了同等的地位,场面的调度——导演的创作变得跟脚本一样重要。剧场的各部门整合成一个整体,舞台灯光的加入,布景的丰富多彩等,导演巩固了他的重要性和权威性。导演逐步成为一个独立的事业,从事导演工作的人也成为艺术家。

——选自陈玲玲译著《导演的发展》

由此作为艺术家的导演,必须要永远学习增强能力的几种领域:

剧本文学与文学涵养

表演的流派、理论、训练方式与过程与人性、身体、声音与存在的奥秘

舞台的运用与剧场与建筑、科技

设计美学的视觉之可能性与美术

——选自洪祖玲受评戏剧营讲义

进而我们可以这样来理解作为艺术家导演的工作:以文学剧本为依据,以演员表演为主体,运用和组织各种艺术手段,在舞台上进行综合的二度创造的艺术创作活动。 其主旨在于把文学性剧本内容具象化,并使之和谐、统一、风格完整地展现在观众面前。

导演在综合性的演出创造中,既涉及各个艺术门类,也涉及各项艺术因素的创造者。 戏剧是集体性的艺术,戏剧的基本要素是演员、剧本、剧场(舞台)和观众。 因而,导演就必须与各方面的艺术创造者打交道。 除了与演员,还与剧作家、设计家、音乐家们进行同步的、和谐的创造,把他们统一组织起来。 为了艺术的完整性,导演必须有统一的思想和总体构思。只有在导演统一的创造目标下,把各方面的创造成果都组织成为演出整体的有机组成部分,才能完成导演们的职责。

由此,我们可以总结出现代导演的职责:剧本分析、总设计师、组织者、批评者、风格者、沟通、对表演或表演训练非常熟悉。

为了更清晰地展现导演何所为,下面我们借由向阳童剧院中《花婆婆》一戏,看洪祖玲导演如何统领着一群没有剧场工作经验,或刚刚启蒙的剧场工作者,在初具剧场条件的小小向阳中心,演出一部好戏。

当然，导演工作包含很多，比如与演员、舞监、舞美、灯光等的沟通，特别是导演跟演员的沟通，那更是决定这出戏是否能完全按导演的意图具象出来的关键。但因有相关文章提及，本篇就不做特别描述。本篇只着重于导演如何利用导演工具来具象出一出戏的核心事件及戏剧动作，直至形成一出完整的戏。

导演工具包括六大部分：舞台摆设、构图、移动、姿势、道具、画面。

在进入《花婆婆》之前，先请参阅导演工作流程，以便对导演工作的具体事务有个总览。

<h3 align="center">导演工作流程</h3>

筹备期

- 选择剧本（根据剧场的空间、演员的阵容、节目的类型等）。

- 若是须经即兴发展的演出，为演员构想多类意念和大纲。

- 详细研读剧本，并做笔记。

- 整理剧本以便演出。

- 取得同意删改剧本的权利，联络该剧作家。

- 与舞台监督整理排演用剧本。

- 与舞台监督或有关人员探查剧场。

- 与布景、灯光、造型设计师们讨论（设计会议）。

- 与舞台监督和行政部门讨论：①组织人员；②经费（预算）。

- 筹备甄选演员。

- 决定演员阵容。

- 与舞台监督斟酌检查排演场，并讨论排演计划。

- 与布景设计师就模型和草图讨论。

- 与造型设计师就造型讨论。

- 与行政讨论特刊的处理。

- 与舞台监督拟出演出工作流程表。

排演早期

- 与演员进行活动、暖身及其他练习， 以帮助情境和角色发展。
- 与各设计者和演员进行沟通。
- 与演员谈剧。
- 开始排戏。

排演末期

- 继续排戏。
- 在每一场景与每位演员做详细笔记。
- 继续暖身和练习活动，只要需要便修改走位。
- 与布景、道具、造型、灯光等设计师和舞台监督沟通（与排演发展有关者）。
- 与舞台监督、设计者、执行者沟通， 并决定多种"变化点"。

演出周

- 参与技术排演。
- 与舞台监督检视所有变化点、 设备、布景、音效和灯光效果。
- 记下问题并设法解决。
- 整理摄影画面构想。
- 检查道具。
- 举行彩排（最好两次以上）。
- 记录下彩排中的所有细节问题，与工作人员和演员讨论并改进。
- 构想谢幕和中场休息。

首演与演出期间

- 与演员、工作人员最后磋商并改进。
- 最后检视所有部门。
- 看戏、做笔记。
- 保持高昂士气。
- 准备宴会。

- 再审经费（预算）。

检视剧场安全/归还借用物品。

下面我们就从 2005 年暑期戏剧营《花婆婆》一剧排练过程的个人记录中对导演工作一探究竟。

序幕：一出写实剧

主题是助人。剧中人经由此事，人生态度都有所改变。

第一、二场：集市

舞台摆设：能有力地投射出这出戏的戏剧动作，鼓励移动的形式，刺激生动的即兴。六个摊贩的位置呈半圆形分布在舞台上，保留舞台中间较大位置以便戏剧动作产生。

构图：不只是为了对观众有图画上的价值，与演员沟通时，传达他们与其他剧中人的关系的基本设计。即：导演借由构图创造出有意涵的画面。

花婆婆与鞋贩在下舞台（靠近观众）遥相对望，这是为伶牙俐齿、见多识广的鞋贩与城管发生冲突时，花婆婆有动机去热心助人，化解其间的冲突提供便利。也为鞋贩后来主动朗读花婆婆女儿的信，也就是引发整出戏的核心事件：众人如何帮助花婆婆化解女儿回来的危机，埋下伏笔。报贩紧邻花婆婆，为老大在花婆婆处买花带来好运，紧接在报贩处掉了钱包，报贩拾金不昧，引发老大好感，决定在花婆婆有难时助一臂之力，做了一个很好的铺陈。报贩与菜贩遥相对望，暗示两者之间不能言说的一点点暧昧，增加了整出戏的趣味性和生活性。

移动：最富有动感的有机走位，是演员在舞台上由一个点到另一个点最确切的转变过程，即导演借由移动来使这些画面富有生命力。但所有的移动都需以舞台摆设为基准。

热闹的集市，由几个规定好路线的购买早点、水果、蔬菜的三两行人而丰富、真实起来。城管在舞台摆置中的移动——围着各摊贩绕一周，增加了张力，聚集了现场气氛——大家都好奇到底会发生什么事。而邮差的移动——从上舞台快速走到舞台中央，起到了焦点作用。

道具：是姿势的延伸，作为可能的具象，使角色更加细致化。

米糕贩子夹米糕的筷子，果贩手上的草帽，能帮观众或演员更好地理解或诠释该角色。

画面（姿势）：手脚打开的身体范围的活动，以表达感情、态度等。当然外表是描述角色职业、身份最直接的途径。

老大跟花婆婆买花，花婆婆透过手部仔细数花、包花的动作，更好地表现了其细心周到的个性特质。老大掏钱的动作也能表现老大大方的个性。

第三场：花婆婆的家

舞台摆设：是既定环境的再现，能够创造焦点及气氛。

舞台中央一床，右旁一花背篓，左旁一小矮桌，桌子周围三张椅子两高一矮。

花婆婆坐床边的中间位置。全场自然就以花婆婆为焦点，即她的难关到底如何度过。全场的气氛随着她的悲而悲：为了让女儿安心在外读书，而骗女儿自己事业有成，往来非富即贵。白色的谎言快要被揭穿，而欺骗又情非得已，花婆婆陷入困境……

构图：要看起来自然，传达感情。

各摊贩带老大去看望陷入困境而病倒的花婆婆，各摊贩自然坐在小桌旁的椅子处。并出于礼貌把椅子让给老大坐，让老大坐在花婆婆的另一边。这个构图很自然的表现虽然都有助人心，但他们还是两个不同层面的人。各摊贩错落有致、高低不平地或坐或站在花婆婆一旁的构图，带给观众一种深深的震撼——对花婆婆的处境我见犹怜，对众贩帮人时的胆怯，帮人时还想着自己梦想的一点点私心，生出无限的包容跟理解，对老大助人时也尊重被助者的感受，不乱逞英雄由衷赞赏。

移动：移动速度不同，表示特殊的意义。移动的数量会带来不一样的效果。

当说到如何帮助花婆婆摆脱困境时，老大移动的速度是缓慢的。一是给观众以想象空间——到底有什么办法。 二是给剧中人留有加入助人活动中的思考时间。 同时鞋贩从老大慢速移动到众贩一侧，显示出鞋贩虽走南闯北，但在情境中却无能为力的心态。 整场戏，因为较少量的移动而变得严肃、紧张——众贩对于要假装达官显要举办欢迎舞会，欢迎花婆婆女儿及女儿的法国男友到底是持一种什么态度，老大想的办法行不行得通？

道具：通指长久置于平面上的家具，成为构图的重要因素，人物依仗家具构图更强烈 。

花婆婆家的床，床上一单被，表现出花婆婆的贫寒，也体现出花婆婆骗女儿的良苦用心。 床不能移动或移动空间少，则更突显现花婆婆的困苦。

第四场：大饭店的初次排练

舞台摆设：要能够鼓励生动的画面。

并排安放在上舞台的两个西餐桌跟各四把椅子，众贩第一次进入高级场合的拘谨不安、笑话百出，就这样在一个固定的空间位置里被生动地再现。

构图：要能够指涉角色关系。

花婆婆与报贩、菜贩安排在一桌，花婆婆宅心仁厚，所以不会去笑菜贩因报贩与领班的调情而明里暗里争风吃醋。 鞋贩与糕贩一桌，则为在真实舞会，糕贩在花婆婆女儿面前说错话，鞋贩帮她化解尴尬留下可能性。

道具：导演应该对以演员/角色之道具运用的质地有高度敏感度，如何用？ 如何表达清楚？ 要以显像人物的心灵状态、特质为目的，并非以呈现道具为目的。 所以小道具不只具有实用功能，还关乎戏剧理念，更是角色深层次的彰显。

在西餐桌上用于叉小点心的小叉子，就成了各位摊贩表现各自身份、情感的最好道具。 如花婆婆拿着叉子把点心叉很高，菜贩拿着叉子用力戳点心以示对报贩的不满。

第五场：舞会排演（同上场的大饭店）

构图：需要相当的技巧去发掘它的变化，要从演员的身体方向、高度、层次、舞台水平面的位置来完成，要有直接焦点、延续焦点，且必须一致，还要富有变化。

下舞台有上场的桌椅，与静静旁观的两位侍应生。 上舞台则是白演员即兴出来的笨拙的舞步，下舞台的静止的物与人，跟上舞台大量快速凌乱移动的众贩，以及舞台正中有规有矩跳着优雅舞步的老大，到最后被学不会舞步的众贩气得发晕的老大。 这一动一静、半动半静的画面，体现出助人的艰辛。

第六场：去饭店途中

舞台摆设、构图：三把椅子具象老大的小车，车里的花婆婆女儿及女儿的法国男友与老大的问答，展现女儿与男友的关系，以及女儿和男友各自的性格特质，灯光制造出来的暖暖夕阳，平添几多温暖，预示这场"骗局"的美好结局。

第七场：欢迎舞会

舞台摆设：能够创造焦点跟动感

第四场平行的两张咖啡桌，被摆成了稍微有点斜对角的摆放方式，这种不对称的摆放方式具象了这出戏可能会因穿帮出现的尴尬，也为化解此尴尬提供了更丰富的移动线路，以便不同焦点的产生，动感也因此出现。

构图：传递感情——观众的眼睛应该能看到演员身体张力所传达出来的感情意涵。

此场是整出戏的结尾与高潮，它的构图从画面的角度来看是变化的，但又带有连贯性。 由一个个快要穿帮的尴尬，以及化解此尴尬形成的有机移动组成。 观众看到花婆婆不自然的笑，女儿疑惑的欲问还休的表情跟肢体动作，法国男友好奇的眼睛：一切好像有点怪但又在情理中。

☆移动：移动动因是由内在发生。 当动机强烈而单纯时，移动可为直线型，宜用在重要时刻。 而曲线型的移动则较直线优雅。

花婆婆陪同女儿及女儿男友进到舞会现场时，他们走了最直线的路线：

直奔果贩去，因为果贩较沉稳，花婆婆的动机是果贩的沉稳，不会让事情穿帮。 没想到没说几句就有点露馅。 花婆婆再走直线去糕贩处搬救兵，没想到越搬越露得离谱，全靠鞋贩的机智才化险为夷。 同时鞋贩却露更大的馅：用地摊价建长江大桥，全场安静冷场，只有花婆婆及女儿轻移回座位。 正当观众不知会如何发展下去时，果贩慢慢移动，打破沉静，音乐声起，女儿的男友先走直线，快到花婆婆面前时，转为一个优雅的曲线。 邀舞打破冷场，舞会正式开始。 众摊贩在老大的安排下助人成功，且找到了自己的梦想。如鞋贩终于进了他每次路过只能张望而不敢进去的舞会，菜贩终于跟报贩有了一起相舞的机会……每个人的梦想，都在助人的过程中得到或多或少的实现。 每个人都因此有所改变。

灯暗！ 幕落！ 当然，此处的灯暗、幕落是为了另一出戏的灯亮、幕起！①

二、舞台监督的职责

戴玉敏

在戏剧班中，我很深刻地记得洪祖玲老师有一句话："对待戏剧这个专业的认真态度，你可以有两种极致选择，要么不做，要么就非常认真！"戏剧是一项要求很严密且精准的专业。 演出一场戏剧，观众看到的是在演出过程中，演员在场上表演一刹那间的美丽与精彩，较少从戏剧创作整个过程中去体会戏剧的精彩。 戏剧表演的魅力是现场感、临场感，要求每一次演出都要精准到位，演出过程中不能有一次闪失。 戏剧创作过程中所有剧组的工作人员对专业的认真、严谨、周密、一丝不苟，是让戏剧得以完美展现的关键。我是在参加戏剧培训班后，及带学生排戏表演时，更深刻地体会到这些的。

戏剧制作过程中，导演是整个制作的灵魂人物，负责对剧作最深的解读

---

① 以上参阅洪祖玲老师 2005 年暑期戏剧营讲义整理而成。有关导演工作在《花婆婆》一戏的应用，有些是排戏现场记录，有些是个人理解。个人偏颇及失误之处，还望阅者指正。

及组织创意性活动。 舞台监督是让创意性活动的精彩得以实现的人物，在整个制作过程中，负责记录、计划、执行、协调、沟通、督导等职责。 参与戏剧制作的全过程，从筹备期、排演期、演出期到演出结束，能顺利进行的关键人物，是导演及整个剧团的"贤内助"。

下面介绍洪祖玲老师的讲课资料，以及我在戏剧班中学习到的关于舞台监督的职责。

（一）在筹备期

舞台监督要与导演、设计者和行政部门等讨论计划演出的各事项。

（1）与导演一起读剧本，整理排演用的剧本，进行演出剧本的购置或影印。 如将剧本分成几场、或几个段落；每一次有什么布景、服装及道具的更换，以及对布景、服装、道具的初步规划、设计构想。 分析剧本，即对场次、场景、人物、情节、道具布景、出场次数等做精细的整理。

场次	场景	人物（数量）	情节	大小道具	备注
1-1	街景	3人	放学	街景、书包	
1-2	街景	6人	打架	（同上）	
2-1	卧室	1人	减肥梦	床、电视、镜子、体重机……	

（2）与导演一起看演出场所、剧场建设，找排演场地等，如布景、灯光、幕、化妆室、休息室等及道具制作场所，以及场所的调度及规划等。

（3）与导演一起计划制订排演及演出时间并发布，并制订出筹备期间工作流程进度和期限并发布。

（4）制作各种图表，如工作人员表、演员表、场地图、人物进场追踪表。

（5）分配各部门工作，如：

①就舞台布景草图与模型，与布景设计师和制景人员商讨如何制作及时间期限。

②与服装设计师和灯光设计师讨论服装、灯光技术上的搭配。

③与灯光设计师讨论灯光制作。

④规划布景和道具、工作流程表。

（6）筹备并举行演员甄选，安排甄选演员场地等。

（7）确定排演场地标志布景位置。

（8）列出道具清单，安排排演用的道具，如不能及时到位道具的代替品等。

（二）排演期间

舞台监督要保证戏剧排演的顺利进行。

（1）统筹排演场整洁和秩序的保持。如剧场的清洁，排演后物品、道具的归位，以及排演前、后剧场的正常运作程序等。所以舞台监督要比导演、演员等先进入排演的场地，安排相关技术人员、道具等及时到位，好让排演能顺利地进行。

（2）舞台监督随时督导演员出席状况。如演员、相关工作人员有无及时到位出席。包括候补的演员及工作人员，督促与安排演员、工作人员及时地休息，养好精神参与戏剧排练。

（3）负责道具的摆置及一切技术事宜，如茶水、后勤等。如确定道具进出场的位置、换景的人员、快速换景策略、记录换景的时间、道具在剧场的摆放地点用银光纸做记号。

（4）参与排演，并指挥幕后人员及演员的准备工作，准备好及时报告给导演。

（5）记录道具服饰等的变动，且做成清单。舞台监督必须在演出现场与导演、演员一起参与排戏，并现场做记录。在排演现场随时会变动减少或增加道具及服饰、灯光等。舞台监督做好记录，与相关人员讨论制作。

（6）安排排演的道具。在排演过程中，有可能道具是暂时替代的道具，有的道具的制作有一个时期，有的道具在每次排演时会有一定的损伤及消耗，舞台监督要安排相关技术人员制作、检查、维修。

（7）制作排演的剧本，分发给每一位演员及相关工作人员。在排演过程中，导演可能会临时增加或改变一些台词或舞台指示，舞台监督要全程记录剧情的改变，而修改剧本及变化点。这也可以由导演助理来完成。

（8）开始标出各种变化点。

（9）督导各部门工作进度。如道具、服装、音效、灯光等设计制作，同时与导演及各部门协调。

（三）演出周

舞台监督到剧场监督完成最后的准备工作，使技排、彩排顺利进行。

（1）确定所有布景的制作、灯光设备、道具、服装和装置等是否准备妥当，并到演出现场看是否还有技术上的问题。

（2）与各部门举行装台会议。计算装台与拆台的时间，换景场地及时间，装台人员的分配，后备人员的调度。安排开幕、闭幕人员及技术。安排并督导各部门打包、装车、剧院、装台事宜，以准备技术排演和彩排。

（3）制作各种表、布景、道具、动作程序表。例如，依舞台平面图及侧面图，布景、道具的高度及面积大小，在舞台各道具及演员、布景的位置高度、深度，依场次的各道具，布景出场前的摆放位置，左、右舞台的道具清单，幕后通道内演员及道具的流动情况等，做相应的工作表格，分发给各部门及相关的人员。

（4）制作场景流动表，灯光和音效变化统合表，在排演本上记录各个变化点的定时、长度、强度、音量。

（5）在技术排演时，记下最后的检视结果，并由导演处熟悉各种效果。

（6）参与彩排并记下各种问题。

（7）最后完成排演本中要求的各类因素。

（8）彩排后集合参与演出的所有人员开会，当场负责了解和追问还存在的疑难杂症，并解决。

（四）首演夜与公演期间

舞台监督注意前台与后台情况，指挥与监督各部门准备演出的各事项。

（1）检查演员和工作人员是否准时出席，包括候补演员、工作人员。

（2）检视各部门是否全部准备到位，大小道具、灯光、布景、音效、演员服装、幕、换景、通道畅通等，并报告给前台负责人员。

（3）保持镇静，各部门在演出前 30 分钟前就要到位，安排演员及相关人员休息、静心，保存实力，以保证演出时精力充沛。 可做相关的暖身活动。在演出前 30 分钟，带工作人员将大道具、布景等（有些道具及布景在剧场建设时就已建成不用搬动）安置妥善。 前 15 分钟要带演员入场准备，让演员各就各位并保持安静。

（4）与前台保持联系。 例如，观众的进场情况？ 审视各部门演出准备就绪，通知报告前台负责人员，准备就绪，演出可以开始了。

（5）每次演出后带各部门立即重新整理相关的道具、灯光、布景、音效、演员服装、幕、换景、通道畅通等，记下任何变动以及必须修补的工作，以便各部门能及时解决。

（6）规划各部门拆台事宜

（7）督导拆台和善后事宜。

此工作流程中所列，是专业舞台监督的工作职责。 我们在戏剧班中只演出了几出短剧，向阳剧场是小剧场，培训实际练习到舞台监督的工作要简单得多，没有太多复杂的工作事项，我们只管专心地排演，使正式演出能顺利进行。 在后来的教学过程中，向阳中心大班的老师与学生共同组成"向阳童剧团"，舞台监督的角色由老师和学生共同组成，将舞台监督工作简化，让学生能操作及运作，舞台监督的工作让学生在戏剧表演过程中，学习到了相关的知识与技能。[1]

---

① 参考资料:洪祖玲"戏剧教学在特殊教育中的应用"讲义资料。

三、舞台美术的魅力

朱秋雷

绚烂的舞台后面离不开舞台美术的魅力。

舞台美术不是独立的艺术表现形式，而是汇集多种视觉艺术形式于一身的综合性舞台艺术。它包括剧场的整体设计、布景、服装、造型以及道具。这一切都影响着整出戏剧的风格和演出效果。

（一）剧场的整体设计

剧场是最佳呈献戏剧效果之处，但是不一定要有学校大礼堂式的大舞台，向阳中心校地不大，因此采用了小剧场的设计。小剧场设计更适合一般特教服务机构，向阳中心小剧场即是参考了戏剧学院的小剧场现场之后所做的具体而微型的专业戏剧排练与演出场所。

进入剧场，就要画出剧场的平面图。在绘制平面图时，一定要把标尺量精准，以备在制作道具和摆放道具上，更能清楚明了道具的最大尺寸和位置。就以向阳小剧场为例，在剧场左侧有不同面积的柱子，这就一定要精确量出柱子在舞台中所处的位置。首先，要量出柱子本身的面积及长和宽。其次，要量出与侧面墙壁的距离，还有就是柱子与柱子间的距离。这样就可以设计出第一道翼幕与第二道翼幕的距离以及除去柱子占用的空间，舞台的利用空间有多大。其实，只要是在剧场舞台的一切东西，都需要量它的标尺，包括门、窗以及其他一些物品。最后标出中心线及舞台前沿线。这样方便道具的制作以及该占的地方在哪里。这不但有助于整出戏的顺利表演，还可利用来换场地排练时能有和原场地一模一样尺寸的现场感。

可能许多人对幕的了解还不多，在这里我把重要的几道幕及幕的收放简单说一下。

幕分为舞台大幕、背幕（天幕）、中隔幕、翼幕等。（专业剧场可能还会有更多的幕，但向阳小剧场就只用到了这几道幕。）

舞台大幕：为舞台的门户，是舞台上主要幕布。它主要用于演出开始和结束的启、闭，有时也用作场幕转换使用。

背幕（天幕）：固定于舞台后面的幕，演出时，可根据剧情的发展，更换不同的布景，在灯光的变换下，使观众有一种身临其境的感觉。

中隔幕：在各种表演中，利用中隔幕的启、闭更换布景和道具。

翼幕：舞台两侧幕布，它起到掩盖观众对舞台侧台视线，是为观众对舞台美感设计的，同时增强了观众对舞台的立体感。

如何收放幕布，一般分为两种：

（1）小剧场中，如果幕布这次用了之后，过两天又要用到，那就直接把幕布卷于一人高的地方，方便又整齐划一。切记要把面对观众的一面卷于里面。

（2）如果演出完毕后，要很久才再演出，那就得把幕布取下来，找出中点，然后两边同时以手到手肘的距离往中间叠起来，最后编号放好，方便查找。

（二）布景

舞台布景充满朝气、生命力，它在舞台上更有施展拳脚的地方。舞台布景运用了不断推移、迁换后景的方法，来变换剧中的规定情境，创造了一个既可固定、又可随意流动变化的特殊空间，得以保持剧情发展的连续性和表演一体性。这样，舞台布景既起到了美化舞台环境、体现戏剧的环境地点的作用，同时又使舞台有限的空间区域得到延伸。在这里，我们不说大的布景，就针对一出戏所要呈现的时代和主题来说。2005年7月，我们表演了一出《真假李逵》。李逵是宋朝人，他所处的环境，所用的物品都是宋朝的，而在我们剧场——特别是小剧场，怎样才能让景象重现呢？这里就需要大量的布景来完成。一幅写着一个"酒"字的挂牌，一张漆了黑棕色油漆的桌子等。 这一切就可以把你带到那个时代，不需解释，不需标语，观众能一目了然。 而在《花婆婆》这出戏里，我们完全运用了迁换后景来完成，因为在同一个空间要突显出几个不同的地方，这种情况在舞台上很常见。 所以在布景时一定要定好你的道具摆放在什么地方，怎么摆才能突出戏里的主题。 如花婆婆家里就要把每个道具摆放得紧凑一些，这样就可以感觉到她家里很小，然而井然有序，彰显花婆婆的性格及剧中人物角色的定位，所以布景可以帮助演员在剧中的表演。

（三）服装

如果说一出戏里少了演员不成戏，那没了服装这一可爱的装饰，演员就没了风采。 的确在一出戏里，服装占了很大的地位，它可以彰显人物性格，可以跨越空间，还能突显时间，更能体现人物背景。 这样一个举足轻重的角色，只有我们用多样的服饰把它修饰得尽善尽美。 那么如何选用这些服装和管理这些服装呢?

1.如何选用服装?

首先要根据剧本画出人物进场追踪表，这样就能知道哪场出现的演员最多，以及哪些是出场最多的演员。

其次进行角色分析，包括年龄、性别、职业、个性以及特征等，进行一个简单的分析。 然后和导演商量并确定雏形后，画出服装的正面、侧面以及后面的效果图。

再次挑选服装。根据画出的图形开始挑选一些服装，演员试穿，在剧场看效果，再把每一个演员的服装挑来整体搭配，看在整个舞台上的视觉效果和颜色搭配及动线效果如何。

最后选定服装，经过剧组人员讨论确定服装，交由舞美管理。

谈到服装，我就一定要提《花婆婆》这出戏，这出戏一共用到了 41 套服装，在小剧场里动用到这么多套服装可以说是很困难的。《花婆婆》是怎样挑选出这些服装的呢? 先看人物进场追踪表，可以看出这里面的演员，每人都会用到几套服装，那怎样去选用这些服装呢？舞美就得仔细研究剧本，推敲人物年龄、性别、职业、个性以及特征，然后根据自己的理解画出每个角色每套服装的正面、侧面及后面的效果图，与导演商量讨论改进后，再画效果图由导演确定出雏形。这出戏呈现的是 1998 年在江津这个小城镇的故事。所以我们就要了解相关信息，1998 年江津的市井小民们会穿什么样的衣服。确定好了衣服的面料及当时的样式以后，就根据人物的性格挑选衣服样式、颜色、面料。如花婆婆，在剧中是一个虽然穷苦却很讲究的中年妇女，所以她的服饰以简单大方、颜色中性为主，这样可以显示出她自己卖花供女儿上学的精干。剧中老大的服装则是当时江津最有钱的人所穿的服装。以西装、衬衫加领带为主线，并且老大每一场的服装不能相同，这突显了老大当时的地位以及个人品位，更要彰显老大与这一群小市民的鲜明对比，以帮助整出戏的表演。像第一幕老大出场时一身西服和墨镜，这样的装束一登场，不需要讲他的地位，从服装和市民们看他的眼神就足以说明了。第二幕和第三幕则以休闲衬衫为主，因为根据剧情，老大对花婆婆以及身边这群人已经比较熟悉，更何况花婆婆的花也为他带来了好运，所以他不会那么防备，就不用戴墨镜，反而服饰会以休闲为主。再谈果贩的服装，经过和导演以及编剧讨论，他的性格比较懒散，是一个不讲究的人，所以他的服装则是几幕才换一件。而菜贩则是一个虽然生活在穷人堆，但心里却很羡慕那些有钱人生活的年轻女子，所以她会每幕都换衣服，并且以花哨为主。之后每个演员会穿着衣服试走一次，我们会观察是否能显出每个人的要素，并且还要在灯光下看效果，以及每套衣服是否会发生冲突，和主角、配角衣服的突显，最后选定了这出戏的 41 套衣服。服装对于整出戏的作用是无与伦比的，只要服装选得好，就会出现更好的戏剧效果。

2.如何管理服装？

谈到管理服装，一定得理出服装清单，不仅仅是把服装看好就行。它包括：

（1）分出男女演员的服装，放入各自更衣室。

（2）分出每一幕演员需要用到的服装，包含人物的装饰从第一幕开始依序排好。

（3）把每一个演员的服装分开，排好顺序。

（4）如有特别需要在背幕以及侧幕后方换服装的，则要把服装放到演员下场的位置。

（5）平时保持服装的整洁，如没有特殊需求，服装应随时保持平整、干净，注意有无需要修缮的地方。

（6）演出前⌐5分钟，检查所有服装是否到位。

如果舞台监督没有让美术服装组管理清点好这一切，就可能使演出时因匆忙而覆水难收。例如，在向阳小剧场演出《真假李逵》时，就忘了帮李逵上胡子，而让大家捏把冷汗，幸亏我们那场是给家长的义演。

（四）道具

道具分大道具和小道具。大道具是指在舞台上不会被移动的物体，如床、桌子等；小道具则是会根据剧情变化更换的，如花、报纸等。

如何挑选大道具和小道具呢？作为舞美，当你拿到剧本时，就要先列出大小道具清单。如《花婆婆》第一幕，列出清单后开始分析剧本，包括时间、空间、氛围等元素。因为《花婆婆》一剧是写实剧，所以全部道具也一定要和当年的背景相符。然后根据舞台平面图绘出道具的大小，道具一定要精准。《花婆婆》第一幕，报贩所用到的报纸就很有讲究，在当时还没有彩色的报纸，所以我们就要找黑白报纸，不能有一点马虎。花婆婆用的包装纸和绑花的东西，也是专门请教了花店的人，了解到当时只用简单的包装纸和橡皮筋包的，所以我们也就用了橡皮筋和简易包装纸。老大的皮夹也是专门找当时最流行的皮夹以显示他的身份。还有老大付给花婆婆的钱，因为当时十元钱还没有新版，故专门到银行换取了旧版的十元钱。道具的魅力是不需要言语的，它的出现让你跨越了时间与空间，更有助于演员的表演。如果贩的草帽，在表演过程中他一会儿拿来扇扇风，一会儿又拿来遮遮水果，这一系列的动作，如果没有草帽，他就不能把果贩那种艰辛和对自己水果的喜爱表现得淋漓尽致。挑着水果到处走，热了就停下来凉快一下，扇扇风什么的。还有鞋贩铺在地上卖鞋的垫子，更是充分体现了道具在表演中起到的作用。如果说没有那个阻碍物，城管与鞋贩之间的吵架就不会显得那么有力和气势磅礴，在城管踢翻障碍物时，更是把吵架推向了高潮。所以道具是一出戏中必不可少的要素。

如何管理道具呢？由于我们是小剧场，也就是说在同一个剧场里会依次演出几出剧，所以我们根据进场的位置把道具分放在左右侧舞台，清点好数量，然后写一张清单分别贴在左、右侧舞台，这样既方便自己平时清点道具，又让舞监清楚知道每个剧组摆放道具的具体位置并方便随时调度。

管理道具的基本工作：

（1）演出开始前一个小时，清点每一幕所需的大道具和小道具。

（2）演出开始前45分钟，摆放好所有道具的准确位置。

（3）平时保持道具的完好和随时添补消耗道具（如会在表演过程中被毁掉的）。

（4）随时与导演沟通有无需要改进的道具。

舞台美术是舞台背后最耀眼的一颗星星，它给了舞台生命，给了演员灵魂，更给了观众美的享受。

给有兴趣于戏剧教学的学校及相关单位的建议：

因为学校或单位基本都是小剧场，都是用于教学，所以它的要求可以根据学生的能力来做，但老师必须把握舞台美术的基本要点，以便指导学生完成舞美工作。

（1）作为舞美，一定要和导演（一般是老师）参与讨论整出剧的风格。

（2）要求舞美熟读剧本，然后根据剧本画出人物进场追踪表，以及把人物的性格、特点、衣服品味及风格与导演再讨论后定案。

（3）熟读剧本，整理出大道具和小道具清单，然后和导演组设计出道具的大小、颜色、质地等。

（4）管理服装和道具时，一定要随时清点是否到位（可以让学生做一张整出剧的服装及道具清单，可以一目了然），还要随时注意道具、服装是否需要改进等。

（5）服装不可能都制作新的，可能会去借服装，这样就可以利用这点让学生学会人际交往。

（6）收、放幕的方法，学生掌握后完全可以交由他们管理。

（7）演出结束后保管好道具。

如果说学生能在协动下完成以上的工作，就可以算是比较合格的舞美了。

四、服装道具与人物造型

胡菡

从来没有想过我会与戏剧有关，戏剧会与特殊教育有关。 我认识真正的导演、专业的舞台美术设计老师，并在他们的带动下，将戏剧融入我们的教学中。 师生在编剧、排戏、演戏、观戏的过程中教学相长，尝试了一个崭新的教学模式——戏剧教学。 我认为这不仅是我校师生在教学上的难得，在中国的特殊教育史上也是一个难得，可以说是一个创举。

2004 年、2005 年的暑假（共两个月时间），来自全国各地的三十多位老师，两度在湖光山色拥抱的重庆江津市临峰山受评山庄，从品尝"台湾鞋子儿童剧场"的刘纯芬老师带给我们的戏剧教学法在特殊教育中的运用开始，到导演洪祖玲老师带着我们写剧、编剧、排戏、演戏。 一路下来，使一个从来没有想过要写童剧的我，也练习写出了童剧，而且有模有样。 我尝试了助理导演、舞台监督、舞美设计等工作角色，在具体工作中，真正感受到幕后工作的艰辛。 当然也当了演员——小小的一粒种子。 虽然是一个小角色，但在较真的导演要求下，也体验到了"台上一分钟，台下十年功"的艰辛。

如果说我个人在戏剧学习上是浅尝辄止的话。 那么，向阳中心的戏剧教学则将它创意运用，深入发展。 向阳童剧场的建立、启用，就见证了它的成绩。 作为向阳中心的老师，全程参与培训，不仅在童剧工作专业技能上得到提高，在思想上、意志力上也得到了很好的锻炼，其中让我记忆犹新的是舞台美术的场景布置与人物造型等。

在 2005 年第二次的戏剧学习培训中，洪祖玲导演带来了她的学生——台北艺术大学毕业的卓怡萱小姐。 她是一位专业的剧场工作者，在她的带领建设下，很快向阳中心的小剧场就变得有声有色。 灯光、音效、侧幕、翼幕，小小剧场就像小小麻雀，虽小，但也五脏俱全。

小剧场的完善，洪导演对我们的要求更多了，学习中各学员的分工就更到位。 导演、舞监、舞美、演员、灯光、音效、前台、后台等工作，角色各有所专和兼。 在为期一个月的戏剧工作坊里，我们除了理论学习外，结束时还呈现了三出戏：《奇迹》《蝶变》《真假李逵》，这三出戏都是我们学员自己编写或改写的。 排演时每位学员都进入剧组担任角色，我在《真假李逵》剧组里担任舞美工作，剧场工作很多真实的体会和感受是在这里领略到的，尤其要将那舞台美术中的理论付诸实践的设计制作，让我经历了很多的冥思苦想……

值得一提的是与我一起参与《真假李逵》舞美设计制作的罗昱小姐，她是我的女儿，一位颇有艺术天赋的初三毕业生。 和我一样，她以前对剧场舞美工作没有任何概念，只是她特别喜爱画画，也多亏她会画画，为《真假李逵》的精彩呈现立下了汗马功劳。 至今我还记得和她一起在临峰山夏夜的黄桷树下讨论布景、设计人物形象的情形。

《真假李逵》是方玉祥老师编写的。 排演之前，洪导演对角色进行分工之后，就让我们分角色读剧本和即兴表演。 我是做舞美设计的，不读剧，也不即兴表演。 但是，大家在读剧和即兴表演时，我脑海里浮现出很多东西：大山、大树、大石头、村庄、黑店、蒙面人等，刚刚读完剧本，心中没想法，但是读了几遍之后，对整出戏的场景布置就有了基本的构想——整出戏可由三个情景构成。

于是，我们决定用"一桌二椅"的简单布景来完成我们所要表达的剧场效果。

场景一：是有山、有水、有树、有石头的景象，而鉴于"一桌二椅"的布景方式，我们采取用一张椅子放在桌子上代表山，一张椅子放在靠桌子一旁的位置代表树。这样抽象的布景，让舞台的空间更大，以便展开武打的空间。

场景二：这一幕是所有场景中最复杂的一幕。该幕中需要布置一个造假货、卖假品的黑店，布景道具也特别多，有桌子、椅子、酒坛、盘子、筷子、酒字旗、大可乐、茅台酒、五粮酒、红玫烟、奶粉、奖状等。为了统一风格，除了桌椅以外的道具，都用自制的方式呈现。

因为黑店里的东西都是假货，因此，在食品道具的制作上，就要避免与真实的物品相同，必须做假，但是又要以假乱真，因此将"红梅烟"变成了"红玫烟"。要体现各个商品是放在货柜上的，我们便想出将各个商品画在纸上，再剪在硬纸板上制作成景片，系上鱼线吊在幕前。可是尝试之后又觉得不妥，在换景时比较耗时，各景片间的摆放容易出错，所以后来我们就用一整张的木工板来挂假货店的景片。为了不反光，我们想办法将木工板漆成黑色。记得那时为了达成这一效果，我和女儿一起到木工师傅那儿干到凌晨一点才休息。

场景三：这一幕发生在法院，还是一桌二椅的布景。我们将两张椅子并在一起，放在桌子的中间，让庄严的法官坐在上面审案。

实际上，这出戏的场景布置，除了黑店的景片比较多程序外（全是罗昱画的，制作景片时全剧组人员参加，少量工作请木工师傅帮忙），其他"一桌二椅"的造型变化，就代替了很多具体的物景。至今我还在为这创意的设想庆幸，因为它为我们减轻了很多制作上的负担。节时、省力、省钱，并且我爱它"一桌二椅"的布景方式。

在人物造型设计方面，根据剧本中人物角色和性格特点来创作设计。我和罗昱反复读剧和查资料，读懂剧中人物，最后我们将剧中的四位人物设计定型，并由罗昱画出草图，演出时就以此形象为演员打扮。

李逵——正直，英雄，身材高大、粗壮，面部圆润，肌肉发达，声音洪亮，给人以强壮的视觉效果。

李鬼——奸诈，狡猾，身高一般，瘦削，一副小人模样，贪生怕死。极力打扮却和李逵有着天壤之别。

鬼妻——奸诈，狡猾，诡计多端，小人嘴脸，很注重打扮，嗓门尖利。

说书人——手拿快板，善良、正直。

通过这样的设计，剧本中人物形象非常鲜明地展现在我们面前。为了成功地塑造李逵、李鬼的人物形象，并让其在剧中有鲜明的对比，配合剧情起到更好的作用，又不脱离人物的真实形象，我们对李逵、李鬼的服装也作了特别的设计。李逵号称"黑旋风"，他的衣着很合理地应该是一身黑：黑衣服，黑裤子，外加绑手绑腿的白色带子，符合"劫富济贫"的侠士形象。同时，那个"模仿秀"李鬼，也同样需要如此打扮，但是是假的，绑手绑腿的白色带子就比李逵要少缠些了。在鬼妻的设计上，我们注意了细节，如脸部特征：两片瓦加高鬓、腮红。服饰上也注意了发簪、戒指、项链、绣花鞋等。至于法官的衣服，我们去法官那儿借。

在道具方面，我们进行了精心设计。首先是李逵、李鬼手里拿的斧头，开始我是用厚纸板制作的，可是用了之后才知道不行，在李逵、李鬼的打斗中，很快就软掉变形了。于是我们就想到做木头的斧头和菜刀。我们将设计好的模型带下山，请木工师傅帮忙制作。斧头的颜色也让他帮忙漆好。后来，斧头为表演增色不少。但是木制的斧头也不太牢实（可能用料上也需考究），几乎每场戏演下来我都要修补。同样在服装上也是，李逵、李鬼的服装我们刚开始是设计让他们用黑布来裹，结果试穿后才发现不妥，蹬打不开，后来我们还是去小镇上找了一个老裁缝才帮忙做成。

小道具的制作是我们全组人员一起参与制作的。别看小道具，它可包含了我们全组人的智慧和创意。那时我们各自发挥特长，有的做缝纫活：头套、包袱；有的缠毛线做络腮胡；有的用硬纸板制作酒坛、刺枪；有的为道具美化、着色；等等。大家一边制作一边背台词，忙碌、辛苦，但很有成就感。

　　《真假李逵》的精彩呈现，得到了很多的掌声和赞美，人物造型设计和道具制作也得到肯定，这离不开洪导演和怡萱老师的细心指导与辅导。她们对我们有很多的专业要求。我们开始不理解还心烦，但效果出来之后会觉醒：这样的要求是对的，专业的眼光和态度带出来的成果是不一样的。

　　如今，我女儿常常对我说起在戏剧工作坊度过的快乐时光：设计制作带给她无限的想象空间和创造能力；大家其乐融融地认真制作与排演，培养了她团队合作的精神和认真努力的学习态度。现在我又回到了为脑瘫儿童做康复训练的工作岗位上，每每在垫子上做完一整天的训练，看到其他老师和同学穿着服装和戴着头饰，面带笑容走出小剧场时，勾起了我对剧场工作的美好回忆——那时，我也在剧场工作中过了瘾。

《真假李逵》人物设计

李逵　　　　　　　　　李鬼　　　　　　　　　鬼妻

《真假李逵》场景布置

场景一　　　　　　　　场景二　　　　　　　　场景三

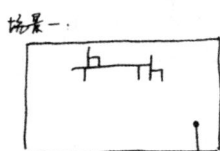 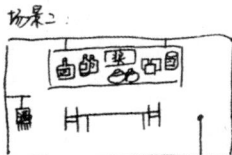 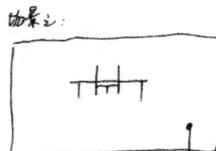

《真假李逵》小道具设计制作草图

1.斧头设计与制作

2.李逵、李鬼胡子的制作方法

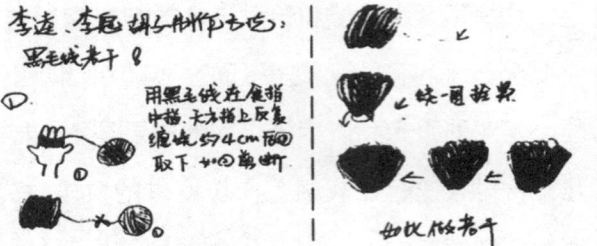

3.李逵、李鬼的头的做法

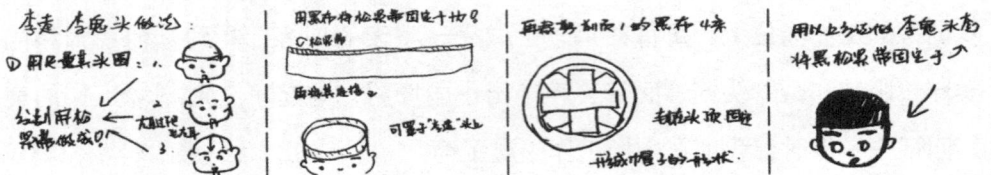

4.发鬓及头套的做法

5.李逵、李鬼衣裤、手、脚、绷带的设计与制作

6.景片设计

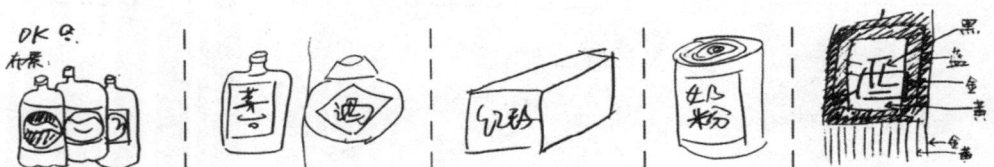

五、舞台灯光实务

周千勇

一切景物在舞台上的真实感和生命感，都依靠灯光渲染。 灯光色彩和光影、亮度的变化，与人们思想感情联系，能产生各种不同的情感、情调和气氛，从而将演员的创造，舞美的辛劳，进行艺术的渲染。

随着科技的演进，舞台灯光从单纯的照明演化为雕塑造型。 模拟自然环境、营造氛围、表现节奏等，幻化为一种灵活的绘笔，更在多媒体技术的冲击下，不断向剧场设计定位看齐，将剧场中的表演空间整合。 除了静态的画面，运用一切的剧场元素（如戏剧空间、剧场空间、演员、舞台设计的空间、光和影、音乐、观众），加上时间的流动，与表演情节产生了新的互动关系，实现了剧场视觉艺术的自我提升，它是演员和观众的一种语言。

如此专业的一项剧场技术，是如何在向阳小剧场建构并使用起来的呢？这源于带领我们走向戏剧的几位老师，尤其是卓怡萱老师。

当她风尘仆仆地来到江津向阳中心，便开始"大兴土木"。"啪"地一声打开工具箱，长长的皮尺便锁定了剧场的各个角落。 于是，一张剧场的平面图就出来了。 接着，她做了计算，工人、钢管以及粗粗的电线，很快进到剧场。 考虑到以后使用灯时所散发的热量，还专门检测屋顶装饰板的耐热度，着意与屋顶留一段距离，然后才让工人依据平面图开始搭灯架，接着装上了电线及插线孔。 这一个个四方的插线孔，不仅解决了电路问题，还可在设计回路时做清晰的标记。 而这同时，老师就奔向了重庆的灯具市场，经过几个小时的周折，带回了几箱剧场灯的零件。

（1）组装灯光。 拧开大螺丝帽，打开灯帽，取出弹簧圈，装进灯泡（不管你如何拿灯泡，不可碰触到灯面，以免灯亮时有花痕），卡好弹簧圈，灯与灯帽上的电线连接起来，盖上灯帽，锁紧螺丝。 成了，酷似金属暖水瓶的剧场灯被组合起来了。

设计灯位。依据剧本情节、人物的需要，设计灯的位置，并形成一张灯光安装图。然后依图挂灯：旋开灯上端的大螺丝，使之空出一个大缺口，将整个灯挂在灯架上，并且灯的尾部（有电线的地方）对向挂灯人。旋紧螺丝，使灯牢实地挂在灯架上；走线，先预留约1米长的电线。在走线时，讲究整个线路的安全、美观。将插头插进插线孔，就这样，剧场灯就算安装好了。

（2）调光了。通过一个较简单的调光设备（是用于整个灯光系统中的每个调光回路的输出，加减亮度或开关灯具的装置）来进行。调光分两步，一是依据投射位置而调；二是依据受光效果、视觉印象来调。我们是这样做的：

先依投射位置来调。做法是将要调的那盏灯开亮，按灯光的设计要求来调节。如顶光，就是当演员站在舞台上时，灯光从他的头上往下垂直投射的灯光称为顶光。向阳剧场的顶光灯，一个调控钮连着两盏灯，共八盏灯，且分成了两排，故调光时就需将这两排的灯光调成连贯的两大道亮光。因此，工作人员戴上手套（防烫）转动灯泡，使灯芯与地面平行，灯光与地面垂直，灯与灯之间的光圈相接即成。向阳剧场的13、14、15、16号调控钮所接的灯就是。面光（就是当演员站在舞台上时，灯光从他的面部方向投射过来的灯光称为面光），由于面光的功能主要是照演员的面部及前面或道具，因此，它倾斜的角度会受到演员或道具呈现的位置的影响，所以，只要依据演员或道具在舞台上要展示的位置及高度来调节灯光即可。向阳剧场的1、2、3、4、6、7、11号调控钮所接的灯就是。另外，在向阳剧场，顶光和面光还要负责将整个剧场照亮。侧光（就是当演员站在舞台上时，灯光从他的身体侧面投射过来的光称为侧光），向阳剧场的5、8号调控钮所接的灯就是。另外，为了其他特殊功能也会设计特殊用途的灯，如其中的8号灯是观众席灯，11号灯是专用的报幕灯或核心人物的出场灯。由于每出戏的不同，因此灯光要求也是不同的，它可以因应剧情的需要，利用电源延长线板来灵活地调整回路，这样就可使灯光满足不一样的戏剧了。

　　基本调光确定好后，便要从视觉效果来调节灯光了。这时的调光要求细致精确，通常需要演员与道具的配合。依据剧本所要呈现的剧情、氛围，演员的走位、服装、面色与道具的摆置位置等的要求，将灯光调成不同的亮度（在调光设备上，有的开关是有明暗刻度的，向阳剧场的调光设备上就有1—8号的开关可调光，且亮度的刻度是 0-2-4-6-8-10，数字越大灯越亮），或用色卡纸（专用灯光色纸）表现不同的颜色。在向阳戏剧宴中的《真假李逵》整个剧情中，为表现不同的时间、空间，其间便采用了蓝色光，就是用蓝色灯光纸裁放在色卡夹中，然后将色卡夹上到灯口处就行了。而在《花婆婆》中，一幕看夕阳的戏便需调成夕阳红的光了。

　　（3）可以应用啦。为了让灯光能恰到好处地与剧情配合，灯光执行者需与演员们一次次地合作练习。并且在不熟练的情况下，灯光执行者可制作一张灯光变化点表，即在剧情的何处需什么样的灯光、怎样开关哪个控钮的提示表。另外，在每场表演前，灯光执行者必须检查所需道具是否齐备，所有灯是否都亮，灯光的照明位置是否都正确，确保周全完备。在表演后，需将所有剧场灯熄灭，总调控处的开关拉上。

　　因为剧场灯光的运用并不像日常照明灯那样频繁，因此便要适当而正确地保管。由于我们目前一般在一个半月才有一次戏剧公演，为方便使用，保管方式也就从简。不用时，让所有灯都悬挂在灯架上，外面用黑色的塑料袋或专制的黑色布袋套起来防灰尘，所有灯的电源插线都拔掉。

　　舞台灯光就是这样在向阳被应用着，因为它对于我们是一个崭新的领域，我们期待着它随着我们戏剧表演的不断成熟、我们灯光知识的不断增加，而更好地发展、应用。

六、演员部分

（一）想象无限美——演员的即兴创作

朱秋雷

"想象是无限的！"的确，作为一个演员，只要你敢想，敢表现，那在舞台上呈现出来的一定是最美的。

演员在演出中，一般会有两种方式表演，一是照着剧本表演，二是即兴表演，这两种各有特点。第一种，你一定要细细揣摩编剧每一句话中，所想要表现出来的东西。第二种则是演员自己要有创作的思想。

2005年7月，洪祖玲导演再一次来到向阳中心，举办戏剧教学工作坊的进阶班，我有幸有了一次即兴创作的机会。下面我以札记的形式，把这次即兴创作与表演记录下来。

2005 年 7 月 11 日　　　　9:00 AM

洪老师针对我们中心的学生昨天所呈现的戏剧进行点评后,选出了三出剧,让我们的学生在两天内重新排演。其中《特别的爱和特别的家》是给演员即兴创作表演的,也就是说没有剧本,只给了一个主题。这出戏呈现的是上天给了人间一个婴儿,他要为这个婴儿找一个最适合他生活的家。演员就要想出四个不一样的家庭,这四个家庭都非常想要孩子,但只有一个家庭最适合得到这个孩子。由于各种原因,他们就是没有要孩子的资格(也许是工作,也许是身体等)。这出戏的演员只有三个,一男一女分别演四个家庭的夫妻,另一个男的演送婴儿到人间的天使。我是其中一个女的。天啊！怎么演啦？洪老师还宣布让我们中午的时候,几个演员自己找一个安静的地方,把四个家庭讨论出来。下午3:00—5:00自己排演,5:00—6:00老师来检查,中途不可以去找老师,因为他在别的剧组。

2005 年 7 月 11 日　　　　　　12:40 AM

吃完饭,我们几个演员聚在一起讨论这四个家庭。A:"首先他们都很想要孩子,怎么才能表现出他们很想要孩子呢?"B:"我们是不是可以在每个家庭表演的时候,都说要是我们有一个孩子就好了。""对,这样不就一句话把主题点穿了吗?""可我们总得把四个家庭的模式想出来呀,怎样表现他们想要而又没有资格呢?这才是关键点。""我们可以想一下我们周围是否有这种情况,比如说老婆常年有病,又或者说是老公生病不可以生孩子。""这个建议不错,我们第一个家庭就可以是这个模式,就可以设想成老婆得了什么病,不可以怀孕。""那我们可以表现成一开始老婆就拿着一张病例,很伤心的样子。""那第二个家庭可不可以是夫妻二人年纪都大了,现在要孩子可能不太好,这好像又太牵强了。又或者是两个人都很爱玩,怕自己不会照顾孩子。"(时间已经是下午1:40 了,2 点钟是暖身活动,大家觉得还是稍稍休息一下再讨论,散会。)

2005 年 7 月 11 日　　　　　　3:00 PM

太开心了,洪老师提前来我们剧组了。洪老师肯定是带来了什么好点子,应该不会是来检查作业吧!果然,洪老师先问我们思想里面有没有点子了。我们把初步设想的三个家庭说了之后,洪老师分析说:"虽然这三个家庭的确都很想要孩子,除了第一个家庭不能怀孕以外,其余两个家庭好像都有可能要孩子,但他们都不能反应出时下年轻人的生活,太局限了。"回过头想一想,的确如此,像生病、年龄太大都好像是少部分人的。接着洪老师又说:"我们一定要把思维打开,开阔一点,要想到自己以后会在什么样的情况下想要孩子,却又不能要。还有就是想一想要是我自己有一个孩子,那么我最不希望她在什么样的家庭里面生活,又是怎样的家庭会适合他生活?我们并不是说这两夫妻马上就要一个孩子,而是要反映出他们的生活方式适不适合养一个孩子?"之后洪老师给我们讲了两个关于他身边的故事:一是他的儿子很喜欢打电玩,甚至一回到家就跑到电脑面前,一直到吃饭,在家人的催促下才会恋恋不舍地离开电脑,根本不管任何事情,几乎到了疯狂的地步。每当有什么新的电玩游戏一出来,必定争分夺秒地去买回来安上,真的是太爱玩了。第二个就是他的好朋友,也是一位大学教授,他们两夫妻事业上都很成功,家里经济很好,夫妻俩关系也很好,可就是因为工作太忙,整天东奔西跑,有时一周才见一次面,又或是几个月都不能见一次面。他朋友总是向洪老师抱怨,可又觉得没办法,这就是谁也不想舍弃自己的工作,真的是太忙了(这个嘛,好像还谈到了夫妻关系)。听了这两个故事,刚开始还是一片茫然,又要具有普遍性,又要具有代表性。我选择给自己一个小空间和一点点时间整理一下,"洗一洗"脑袋,再细细想想洪老师所讲的故事,因为我知道洪老师不会无理由地给我们讲这些故事。如果说两夫妻都很爱玩,那么他们适合养孩子吗? 其实为什么不可以呢? 会玩只要不耽误工作,这也没什么呀,会玩才会生活呀。可如果就如洪老师说的,像他儿子一样的话,那好像就不太乐观了。两个都玩到这么疯狂的地步,好像也不太适合养孩子了,可能这就是洪老师想给我们的启示吧。再想想自己身边现在这么爱玩或是这么疯狂玩的朋友也不少,看来这真的是时下年轻人的生活方式。

2005 年 7 月 11 日   4:10 PM

洪老师给了我们四个家庭的提纲,终于让我放下心来了。

四对渴望有小孩的夫妻是:

(1)抽烟,喝酒,打麻将,玩电玩的夫妻。(玩乐派)

(2)各自事业繁忙,谁也见不着谁的夫妻。一个要去上海,一个要去深圳,到香港再见面,也要在半年之后。(事业型)

(3)吵架吵得不停的夫妻,因为一点小事,如看电视节目不同,牙膏牙刷用完到处放,报纸看了到处丢,或是马桶用了不冲,最后都可以扯到性别问题、人权议题。(知识分子型)

(4)周末过着农夫的生活,早上一起来就练太极,做瑜伽,种田,喝茶,听音乐,读小说。(浪漫型)

看到这个大纲,我们就开始即兴创作表演了。从第一个家庭开始,我觉得天天抽烟、喝酒的夫妻比较少,所以我们决定表演一对爱玩电玩的夫妻。可是怎样才能表现出他们到了疯狂的地步呢? 如果表现力不够的话,就彰显不出主题。表现玩倒是很好表现,可以一开始就是两夫妻拿着游戏机手柄疯狂地玩,这样不能很具体地体现出来。应该加对话,并且要简单明了,又要体现他们为了玩电玩而忽视了很多东西,可以从生活小细节开始。如父母过生日了,却因两人都很想玩互相推托不想去;家中水电费也一直抽不出时间去缴,互相怪罪;又如亲人生病住院没时间去看,我想这样足以表现出他们疯狂吧。第二个家庭,我们就以洪老师的大纲为引。我觉得如果吃一顿饭也要接几个电话的话,应该可以显示出彼此都很忙。对了,可以选一个特别的日子——结婚纪念日,两人举杯时电话一个接一个地接,对这个创意,我自己比较欣赏。第三个家庭是知识分子型,要为小事争吵,又要扯到人权之类的,头脑里一片空白。这时我突然想起这几天开空调时,李老师一直强调环保温度,就从这里入手开始吵,不过怎么吵应该临场发挥,谁都说不准到时会吵成什么样。最后一个家庭比较容易表现,因为生活中过这样生活的也不是少数,应该要表现得恩爱一些,关心彼此的工作,会过生活一些就行了。

2005 年 7 月 11 日　　　　　5:30 PM

胆战心惊地表演完了,我们自己创作的几个家庭,洪老师提出了几点建议:"第一对夫妻虽然表现出了疯狂地玩,但总觉得还是少了一些力度。既然你们选择了用夫妻对话的形式表现,那你们可不可以再想一两句,点破他们为了电玩近乎到了极点。如有什么最新版本出来呀,又或者说两人争输赢啊?还是过关后的兴奋都可以表演。第二个家庭很忙,但只体现在了接电话上。你们想想,事业成功人士在饭桌上接电话的事是常有的,并且像他们这样虽然很忙,但两个人都在家里,怎么不可以养孩子呢?你们再想想,如果表现为一个刚从外面提着行李箱回到家,另一个在收拾行李准备出差,那是不是会更好一点。不过还是尊重你们的创意。"听了洪老师的建议,突然发现我们创意的表现力真的不够,如果我们在第一个家庭里加上一个亲人住院,早该去看他,可是因为去看要花钱而迟迟未去,但听说电玩有了最新的版本,就要想办法筹钱买的话……哈哈!

2005 年 7 月 12 日　　　　　9:00 AM

各剧组开始紧锣密鼓地排练,我们也尽情发挥想象,边想边排。

2005 年 7 月 12 日　　　　　　　11:30 AM

经过一番讨论后的成果终于出来了,表演完后,洪老师基本满意,不过希望我们在台上更洒脱一点。现在就是抓紧下午的排练时间,晚上就演出了。

2005 年 7 月 12 日　　　　　　　7:30PM

正式演出了,我告诫自己别紧张,希望我们演出成功吧。

上面是我在演出这出剧所经历的几个阶段,通过这次演出,我悟出了平时真的要善于发现身边的人和事。 这也是洪老师所说的,一个即兴创作的剧离不开生活,一个会即兴创作的人,一定要会感受生活。

即兴表演很重要的是,要对你自己创作出来的人,有一个全面的认识,包括性格、年龄、职业等。 所以要对你演的角色写一个自传,这样你在表演时,才会真实地感受你就是这个角色的化身,你的每一句话都要和你创作出来的角色相符合。

《特别的爱给特别的家》妻子的角色自传

玩乐派:我是一个在百货公司卖化妆品的营业员,今年 24 岁,爱好不多,最喜欢的就是打电玩。打电玩那种刺激劲,真的是很好玩。只要不上班,我便整天坐在电玩旁疯狂地玩。虽然我们的经济不宽裕,但只要有新的游戏版本出来,我们一定团结一致把它买下来,再打个通宵。

事业型:我真的很能干,作为装修公司的老板,我干得非常出色。我每天都在忙碌中度过,白天干不完的工作,我总是把它带到家里加班,所以家里堆满了大堆小堆的资料。老公是工程师,也特别忙,他经常出差。我们总是很少在一起,有时甚至几个星期见一面还匆匆忙忙的。

知识分子型:我是江津一中的老师,今年 33 岁了。作为一所重点中学的语文老师,我凡事追求完美。我老公每天把自己打扮得潇潇洒洒去上班,在家里却是很邋遢,牙膏牙刷用了乱放,马桶用了也经常不冲,自己常买西服领带,还总是说我浪费,最生气的是居然说我穿裙子很难看,为这些事情我们天天吵架,真是受够了他。

浪漫型:我是业余作家,最厉害的就是写爱情小说,并且还小有名气。我老公是一家公司的设计师,工作刻苦,很受老板的赏识。他工作虽然很忙,但每个周末总要陪我到郊外的小家里过我们的二人世界。我们喜欢到小溪边钓鱼,喜欢晚上一起数着星星,幻想有一个孩子后怎么好好爱他。

给予有兴趣于戏剧教学的学校及相关单位的建议:

如果要让学生或老师自己即兴创作表演,可以分为以下几个步骤:

（1）了解主题后开始天马行空地联想,只要和主题有关就行。

（2）模式出来后,可据此裁定更贴近主题和更贴近生活的,自己定一个雏形。

（3）找相关人士讨论,听建议,再做调整。

（4）大纲出来后,一定要写角色自传,写的时候一定要让自己成为剧中人,尽可能想象如果你是剧中人,你会怎样,让自己多演几个"如果……"。

（5）整理出简单的剧本,记录关键词及动作。

（6）演出时放空自己的一切,心里谨记自己的角色自传,尽情发挥。

（二）我也当回主角——演员生活

金容

"台上一分钟,台下十年功",平时常听人这样讲,也能明白其中的含义,不过当我亲身经历后,方算是真正体会到这句话的分量。

今年7月,在向阳中心的师资培训基地——临峰山上举行了第二次由洪祖玲老师主持的"戏剧工作坊"进阶班。 在工作坊中,洪祖玲老师及她的助理卓怡萱共同导演了三出戏,全国特殊教育老师分别担任演员、导演助理、舞台监督、舞美等工作,我很荣幸地扮演了《花婆婆》剧中"花婆婆"这一角色。 除了体型像婆婆以外,还有一个更好的理由——我留恋舞台! 当选角色后,我一直都忐忑不安,我好害怕,因为我从没有真正演过戏,第一次戏剧营中我只是幕后工作者——舞台监督,我很害怕因为我的失败而让整场戏都砸掉! 我惶恐而又光荣地接受了挑战!

整整一个7月,从未演过戏的我,和其他与我经历相似的各地特殊教育工作者，接受了严格的训练，过着俨然酷似"明星"的生活。

（1）"红太阳，白云彩，妈妈洗衣我也来……"

早上8：00整，全体演员及工作人员就站在排演室里，开始了一天的剧场暖身、暖声活动。在这个活动中，导演设计了许多由简单到复杂的活动。暖身活动的目的，主要是让演员及工作人员能以放松的身体，来应付未来紧张的一天的工作，所以活动以放松各部位肌肉、活动各部位关节为主，让各位能有更好的体适能进入到一天的工作中。暖声活动是让演员能有清晰的吐字、好的嗓音、更丰富的表情表达角色。所以每天的暖身，暖声活动的内容都是丰富多彩的，当然暖身、暖声活动的作用并非仅是如此，它还能让一个团队更有凝聚力、向心力，大家齐心合力朝着一个共同的目标，开始一天的分工与合作。

（2）"我以为距离这么远，只要每次去北京看婷婷时穿得好看一些，便可以让婷婷有一位体面的妈妈而感到自豪，生活得幸福一些……""这叫作白色谎言，我们可以想办法帮你解决这个问题。"

在排演厅里，演员们暖声、暖身活动之后，便开始了读剧的工作。所谓读剧就是各演员按指定角色，用声音的形式，将剧中角色的情绪、语气、声调表达出来。这种读剧类似于"配音"，如同一部外国作品，通过翻译之后配上本土的语言。读剧的目的是让各位演员更好地理解剧本的角色，增加相互默契度，同时也增加了"背台词"的机会。

（3）"这部戏中的'花婆婆'是个什么样的人？她的性格怎样？气质怎样？她平时待人处事的态度怎样？……"

在咖啡厅的各角落里，导演正在要求各演员写自己所扮演角色的"角色简历"，其目的主要是让各演员更深刻地理解角色，读懂角色，更好地表达角色。同时导演通过多种方式进行角色分析，帮助演员将更细微的东西表达出来，包括说话的速度，声音的高低，音量的大小，语气的缓急，动作的快慢，以及身体能表达出的一些潜在语言。"哪怕是一个眼神，或者一个眨眼的动作，都会影响到表演的效果"，导演如此耐心教导我们这群从未演过一天戏的演员。

（4）"菜贩、糕贩、报贩，你们在讨论解决办法时，要注意说话的时机，要让观众感觉到你们是在热烈的错落有致的讨论中，又能让观众听明白你们每个人发言的观点，所以你们必须要抓住变化点。"导演又在耐心教导我们，要求我们在排戏中一定要注意抓住对方或同戏人的变化点，变化点包括语言、表情、眼神、手势或身体的任何一个动作，都是变化点的标志，变化点抓得准，就能让戏更精准，更能紧凑地表达出戏的"美"。

（5）"花婆婆，你在演戏的时候哭得如此伤心，你是真哭还是假哭？"

有好多观众或朋友，每每在观看完演出后都会问同样的问题。我会很认真地回答："真哭。"其实，每个演员在演戏时"专注"都是必需的，如果你做到了专注，你就会很容易入戏，就很容易受到剧中角色情绪的感染而真情流露；若做到了专注，便会较少出现如背错、忘记台词或者接不上台词、错了动作、走错位的情形。

（6）"我家是江州大酒店的大股东……"

在排演厅的角落里，或是咖啡厅里桌子旁，或是树下，常会看见自言自语的演员们，他们在干什么呢？ ——背台词。背台词是每个演员必需的功课，台词越熟，越能更好地表达出角色。为了演好一出戏，演员们常在睡觉前或是饭后抓紧时间背台词，据其他演员讲，演"老大"的演员说话都是"台词"。

（7）"重新排一次！"

这是导演在排演过程中常说的一句话。一部好的作品，是要经过三番五次的排演而成的，任何粗制滥造都不会有好的作品产生。在排演过程中，哪怕是一个眼神不对；或是一个身体倾斜的角度不对；或是身体对身体靠的远近不对；或是语气音量快慢等稍有不对；都会一次一次地重新排演，力求精益求精。

（8）"演员们都在休息了吗？ 请大家务必注意休息。"

导演在一个房间一个房间地查询着，关心着演员们的休息状况。在演出前，演员一定要有充分的休息，所谓休息得好才能有更好的表现。

（9）大幕后，演员各就各位，整理着自己的道具及调整好自己的心情。但有一件事大家总忘不了，开演前的 5 分钟，演员们全自动聚在一起伸出手臂，犹如体育健儿开赛前一样，大家手握着手，用心喊出"加油！"此时此刻，大家互相鼓励着，互相加油着。排演过程的艰辛，此刻全部聚成力量，一个月的辛劳，全部都在这最后的"呈现"中。

演出结束，台下一片掌声。终于，演出还算成功，从未当过演员的各地的特殊教育老师们，终于圆满地完成了演出任务，也圆了一个从不敢想的"明星梦"！

七、台前幕后

胡菡

连续两年的"戏剧教学工作坊"，在导演洪祖玲老师的指导下，来自全国各地的特殊老师，共 69 人次到向阳中心来学习。

为了配合学习之后的呈现，也为了向阳中心新的教学模式的尝试——戏剧教学与社区的自然融合，我们将中心原来的体能活动室改成小剧场。其实在此之前，我们也想过到外面去借用场地。如与幼儿园联系，去几江镇办事处联系借用等，但受限于诸多因素，我们在做过努力之后，还是决定自己在学校内建设一个小剧场。

剧场建设工作分两步进行。在第一年的"戏剧工作坊"开始之前，我们在剧场中做了一些投资，主要做了黑色的塑胶地垫、幕布、彩灯等，演出时虽然有些效果，但在专业导演的眼中，差距还很大。尤其在那炎热的 7 月，剧场中没有空调设备，演戏、观戏都是一种忍耐。

于是在第二年的"工作坊"开始之前，学校努力筹募到一些资金，将向阳中心整个装修了一番。这次全部空间都装上了空调，舞台建设也根据导演的建议重新投资，装上了专业的舞台灯光设备和音控设备，增加了侧幕、翼幕等。童剧场较完善的建设，让学员们有更多真实的舞台感受，它带给学员们专业的自信。

"戏剧工作坊"的学员们学习是辛苦努力的，他们不但要学理论、学表演，还要担任前台、后台的事务性工作。如为了学习后的呈现活动——公演，要配合向阳中心做宣传性的活动。

在每次"工作坊"学习之后，都有三出童剧呈现，记得第一届是《三个和尚与三个尼姑》《爱玛种花》《老柴、老婆与老虎》，第二届是《蝶变》《真假李逵》《花婆婆》。为了起到好的宣传作用，连续两年，剧组舞美工作人员都将三出戏中的主要人物、情节巧妙地设计在一张海报上，每一张海报都是学员们自己制作的，有用画的，有用粘贴的，有用镂空雕刻的，有用色纸折起的。完整、创意的构图设计与制作，再加上手写的文字说明，让人有一种美的享受。难怪当海报装裱起来，放到巷道宣传时，好多邻居都称赞夸好。

另外有一个工作也是同学们很有创意的活动，那就是"戏票"的设计与制作。同样，所有的戏票都是我们用手工精心制作的。戏票的设计除了在正面标明时间、节目、存根等外，还创意地在票的背后加上了一只眼睛（这是我们向阳中心的标志性图形），这只眼睛不是印出来的，而是用拓印的方法，一张张盖出来的。制作方法是先用卡纸画出一只眼睛，再用美工刀将"眼睛"雕刻镂空，作为拓印时的模板，这样制作几张之后，我们用泡沫块沾颜料，在票的背面拓印上这只"眼睛"，那肌理的效果，让"眼睛"有一种透视心灵的感觉。

为了区分，我们在拓印"眼睛"标志时，还用颜色做场次的区别。制作票时，大家都很投入，不但认真拓印出每一张票，而且还在每一张票上写上"向阳童剧宴"，由此可见大家的用心。

"向阳童剧宴"欢迎大家光临捧场，但基本观众还是向阳中心的孩子、家长和邻居，我们也列出清单邀请主管领导和各界朋友，如江津电视台、江津报社、居委会、往来学校、幼儿园等，还有支持我们演出并借服装给我们的"太子寺""佛学社"里的工作人员。

向阳中心的老师们在紧张繁忙的排戏工作之余，抽出时间将戏票送到各位朋友手中。 家长会会长也抽出时间，将票一张张送到孩子、家长们手中。 观戏最积极的是我们的邻居小朋友，他们一看到海报，就主动前来索票。"宴请"活动经过事先的安排计划，每场的人数控制都比较好。

在场地布置上，我们用到了向阳中心的每一个地方。 在公演期间，我们开通向阳中心的户外走道，使舞台独立，而前台、后台相通，方便演员穿场。 另外，我们还特别安排了观众休息区，并准备有茶水，让早到或中场退出的观众休息。

小剧场的观众席大约有座位 50 号，分四排，前两排摆放的是小椅子和小凳子，中间排的是高椅子，第四排就是利用靠墙的柜子，这些都是向阳中心教学时同学们用的，我们就这样归类清理排放布置剧场。 每场公演，向阳中心都会有两位学生家长来做义工，他们帮忙画座位号，接待引领观众入座，配合老师处理突发事件。

"观众须知"，我们用标语的形式写好，分别贴在进门显眼的地方。 如"不吸烟""三岁以下孩子不入场""不高声喧哗""提前 15 分钟入场"等，并严格监督执行。 在开演前还会提醒大家关掉手机和其他发声的物品，确保演戏、观戏顺利进行。

在安全工作方面，我们也做了防范，在主要地方都新增了灭火器，以防发生意外。 为预防停电带来的困扰，我们专门添置了一批小手电，放在方便取拿的地方，后来在我们演出的时候还真帮了忙。（天太热，用电量大，经常跳闸。）

"向阳童剧宴"的顺利上演，凝聚了"工作坊"全体师生的智慧与汗水。台前、台后大大小小的工作，都是在大家很有默契的配合中完成的。 每位学员都扮演多个角色：既是学员、演员，又是行政工作者。 在这样的"工作坊"中，学到的不只是技能本身，更是工作中的每一个向度。

谢谢引领我们走入剧场工作的洪祖玲老师、刘纯芬老师、卓怡萱老师！

谢谢"工作坊"所有的同学！

谢谢所有支持、关心过我们的朋友！

八、演员暖身活动

冉秋红

我们每个人都觉得对自己的身体是最了解的，我们的行动、知觉、病痛等，都是我们自己的身体可以感知得到的。 身体还有不为我们所熟悉的一面，我们可以慢慢地去发掘，找到其中的奥妙与神奇之处，让我们与自己的身体来一次更近距离的接触。

戏剧是一门综合的艺术，和我们接触频繁的电影相比较，它们有许多共同之处，如编剧、导演、演员等。 与电影不同的是，戏剧是在舞台上演出，是演员与观众面对面的交流。 一部精彩的电影可以依靠特技、配音、画面剪辑等来共同完成。 戏剧所要求的完美效果却是一次成型，不容半点马虎。这就要求所有剧场工作人员的密切配合，共同努力，特别是演员在表情、声音、动作上的表现，剧场工作很重要的一环"戏剧暖身"，可以让我们在这几个方面得到全面的练习。

在具体的剧场工作中，不管是排演，还是正式演出，之前必不可少的就是暖身。 暖身有助于打开我们的身体关节，提升精神、士气（团体凝聚力），还包括声音练习。

针对它作用范围的不一样，我们把暖身又分为了三种：第一种是所有剧组工作人员都要参加的团体暖身，以打开身心为目的；第二种是演员针对戏剧需要进行的小组暖身；第三种可以把它称为游戏式暖身，在于培养演员的创造力、模仿力、专注力。 在具体的操作过程中没有非常明确的界限，它们都会对演员、戏剧本身产生很重要的影响，也会同时兼顾进行。 下面就来分享一下几种不同形式的暖身活动。

注意：做暖身活动时要穿比较宽松的衣服，不要有扣子或是皮带之类的硬物束缚，还要注意饭后一小时后才能练习。

（一）团体暖身

1.从头到脚的暖身练习

（1）全身放松，两脚打开与肩同宽，眼睛平视前方；调息，鼻吸嘴吐，九拍为一次循环。

（2）按以下顺序呼吸：吸1吐8、吸2吐7、吸3吐6、吸4吐5、吸5吐4、吸6吐3、吸7吐2、吸8吐1。

（3）头部活动，头向前缩下巴，一个八拍，回位，一个八拍；向后看天，一个八拍，回位 一个八拍，向左耳朵碰肩，向右耳朵碰肩，仍是各一个八拍，头部一共八个八拍。（动作要匀速缓慢，尽量活动到筋骨，下面的动作练习也要遵循这个原则。）

（4）以肩关节为轴心，肩膀画圆，手臂自然下垂，肩膀带动手臂画圆，先从前向后画四个八拍，再反方向四个八拍。

（5）以肘关节为轴心，手肘画圆，用手肘带动，由前向后画圆四个八拍，再反方向四个八拍。

（6）以手腕关节为轴心，手腕画圆，由前向后四个八拍，再反方向四个八拍。

（7）腰部画圆，用腰部带动整个上半身画圆，从前弯开始，除了腰部在动，其他部位都是放松的，跟随腰部动的，从左到右四个八拍，再反方向四个八拍。

（8）臀部画圆，左右两个方向各四个八拍。

（9）屈膝活动，两脚并拢，双手叉腰，屈膝各四个八拍。 两两手拉手，屈膝各四个八拍。

（10）最后脚踝活动，每个脚各自活动，脚背屈交替脚跖屈，两脚各四个八拍。

（11）下腰练习，吸气，尽量把气吸到丹田（肚脐下两指处），再慢慢地吐气下腰，把最后一口气吐完，让你的手自然下垂碰到地面，这个过程膝关节不能弯；吸气起身，吐气下腰，整个过程动作和呼吸一定要慢，重复练习三四次。

（12）压腿练习，大腿左弓与地面平行，右脚拉直，上身直立，双手扶在左腿上压腿，数拍子四个八拍，再换成右腿练习四个八拍。

2.瑜珈式的暖身练习

（1）平躺，一只手放丹田处，放松—吸气（气在腹，手指头，停住气）—呼气—调气，后又重复吸气、呼气（呼气时用嘴巴轻轻吐出——重复几次，吸气、呼气12秒），呼的时候发声音，20秒，吸也20秒（吸气20秒，呼的时候发"i"的音，吸气25秒，呼气时试着将"a、e、i、o、u"这五个音在30秒内完成，重复几次，要注意咬合）。

（2）平躺，一只脚抬起，举空，向外转，换方向转—换一只脚重复动作—放松—两只脚踝往内转—往外转—放松。

（3）平躺—脚尖绷直，双手放肚脐处（或双手平伸，掌心贴地面）—一只脚平伸向上，向右，向下，轻放—换脚重复动作，两只脚向上，打开，上、中、下（重复动作）。

（4）平躺—双膝弯曲，双手抱膝，左右转动，这是轻轻的按摩。

（5）"响尾蛇"姿势（俯卧，脚尖绷直，双手撑在肩处地板上）—双手伸直—尽力直上身，吸气，头向上抬，重复两次。

（6）"狗爬式"姿势（手撑地，臀部抬高，脚膝盖打直，重心在手上）—慢慢放松，跪下休息—再回到"狗爬式"，双脚往前轻轻一跳。

（7）站起身，双手向上并拢—右脚向前跨（前腿与地面平行，后腿保持直立）—往前拉（双手合在头上面，弯腰）—转方向重复动作—放松（两手放在腿旁边，回到"狗爬式"，轻轻一跳）。

（8）跪坐（双手交叉握拢）—右侧拉—左侧拉—旋转手腕—放松—双手指互勾在背部拉（换手做相同动作）—手腕旋转放松—双手臂转放松。

（9）站起，放松（手腕、手臂、腰等全身都转，动作不能太快）。

（10）蚕丝功，双手互相握住手腕，然后用手肘带动身体扭动，从上到下，再从下到上反复几次。

（11）双脚心相对，盘坐，压压腿——上身往前，双手平伸，头尽量去碰地面（重复几次）。

（12）滚（双手交叉握紧在头顶，脚交叉并紧，用腹部的力量带动身体滚动）。

（13）张牙舞爪，配合恰当旋律的歌曲，面带笑容大声地唱，同时手肘手臂交替做扩胸运动，双脚交替打到臀部，先原地做，再变成跑步练习。

（二）演员小组暖身（针对戏剧排演需要而随机设计）

（1）台词练习：由于演员声音太小，导演想了一个办法，就是在空旷的排练场地，两位有对白的演员相隔10米远，开始练习说台词的音量。《花婆婆》这出戏中的第四幕对白，就是这样子反复练习的。还有各个演员轮流说自己角色台词带大家练习。

（2）动作练习：由一个角色带领小组演员和她做一样的戏剧动作。如《老柴、老婆与老虎》里的"小动物们追老柴"，《三个和尚》里的挑水动作，《真假李逵》里的打斗动作，《花婆婆》里的跳舞动作，等等。

（3）表情练习：新手演员都会有的现象是很难与人目光对视，（面部表情）搓手—搓脸—搓耳朵+按摩—扬眉上下—放松—瞪眼最大—放松（再3次）—瞪大向左、向右—回到中间—放松（每天练习瞪眼，瞪着别人讲话）—瞪眼上、下、左、右、中—皱鼻子—放松（两次）—嘴巴前嘟—往左歪嘴—往右歪嘴—往上—往下—转来转去（来回几次）—做鬼脸—两人对着说："我爱你"鬼脸方式（一口气很长，尽量怪声怪气，不闭眼睛）—加上动作（全身可动），但眼睛不能动，怪声怪气，常说"我爱你"。

（4）特殊剧情：《三个和尚》中的和尚尼姑吵架这一段，几个和尚尼姑比谁凶。练习吵架，三个和尚站在尼姑当中，每个人向右边的人的脸吵，吵完后，才转去吵下一位，如若下一位觉得不生气，可以不理会，可以手、脚、器材并用。就这样，演员的角色表演就出来了。

（三）游戏暖身

（1）种子发芽——长大，把自己变成一颗种子，缩成最小体积，吸气，种子慢慢地发芽长大，身子慢慢地舒展，同时发声 a、e、i、o、u，直到吐完最后一点气就停止不动，之后调匀呼吸再重复练习几次。

（2）种子长大—繁盛—枯萎，这是三口气的练习，分三个阶段，可以变换发的音，"a、e、i、o、u"变成带声母的"ma、me、mi、mo、mu""da、de、di、do、du"。当第一口气用到尽头的时候，树长大了，就深吸一口气变成枝繁叶茂并到处伸展，与邻居用肢体打招呼（并且要有眼神的接触），换成第三口气时就开始枯萎，身体慢慢缩小到原始姿态。

（3）镜子游戏，两人一组，先由一人表演动作，他的搭档模仿他，再互换。这个过程中，创造动作的人表演很慢，以便对方能跟上速度，真如是在照镜子。

（4）动作接龙，先由一个人创设一个情景动作，第二个人来接应他，要根据这个动作做一个能与他动作有关联的情景动作，但是这个情景又要与第一个动作情景不一样，情景要由其他观众来猜测，并在得知答案后决定动作是否通过，这样一直玩到每个人都参与一次。

（5）每个人轮流创作声音加动作，如锯木头，其他人模仿练习。

（6）分组创作，四人或五人一组，用他们的肢体来组合一件物体，如洗衣机，那么每个人所表现的洗衣机的部件都不同，而且每个组的创意都会不一样。我们可以通过这种方式来重新认识自己的身体，会有很多意想不到的乐趣。

如此形式多样、内容丰富的暖身活动，得以让我们的戏剧工作更有趣，更顺利地进行，也让我们对自己的身体又有了一个新的认识。因为戏剧，我们暖身；因为戏剧，我们和自己有了一次更亲密的接触；也因为戏剧，我们变得互相了解，更亲近了，感谢戏剧的无穷魅力。

暖身活动没有一成不变的模式，还有很多我们可以去发挥和创造的空间，这就需要我们剧场工作者不断地尝试和总结经验，创造出更多内容丰富、形式新颖的暖身活动。

九、偶的制作

陆昌庆

偶可分为布袋偶、棒棒偶、悬丝偶、杖头偶、执头偶、开口偶、影偶、纸雕偶、创意想象偶等。 这里我们介绍在 2005 年戏剧进阶班上卓怡萱老师所教的布袋偶、悬丝偶、棒棒偶制作的简单方法，仅供参考。

1.大厨师——布袋偶

现在我们以大厨师为原型，制作一个布袋偶。

首先是准备阶段，依偶剧情节设计出我们所需角色的图样。 我们要准备的材料有：旧袜子一双（头）、纽扣（眼睛）、皮毛（胡子）、棉花、硬纸板、橡皮筋、针线、白布及各种颜色的布块。

接下来就是制偶的过程了，让我们从"头"开始吧。

把旧袜子洗干净后，袜内塞入棉花，然后用橡皮筋暂时绑住脖子的地方。 拿出另外一根橡皮筋在脸的正中央捏绑出一个大小合适的鼻子，然后用针线沿橡皮筋外圈以缩针缝的方式缝一圈，缝完后稍拉紧打个结，再拿掉橡皮筋，这样大厨师的鼻子就出来了。

观察一下你收集的纽扣，找出你觉得最像眼睛的纽扣。 你可以用一颗扣子当作是一个眼睛缝在鼻子上方。 当然，你也可以把两颗纽扣叠在一起，一个当眼白，一个当眼球。

剪一条长 30 厘米、宽 3 厘米的皮毛，沿大厨师的头缝一圈，前面紧挨大厨师的鼻子下沿缝，拉到脑后时应到达眼睛的高度，这样，大厨师漂亮的络腮胡子就完成了。

拿出硬纸板绕食指两三圈（纸薄就多绕几圈以增强厚度和硬度），用胶带把它固定。 然后把它插入头内的棉花中，用针线把脖子缩紧以固定硬纸板，最后把多余的袜子剪掉，留下的缝一小段反塞到硬纸板内，以双面胶固定好。到目前为止，大厨师已经是个有头、有脸的人了。

下一步应该到大厨师的身体了。

"布袋偶"顾名思义应该是个布袋。这个袋子就是它的身体，如果你想很容易就把你的手伸进这个袋子里，它最好是以你的手掌大小来定做。所以，你可以先伸直你的五根手指头，然后让你的中指、无名指弯着（这个手形的意思是用食指操偶的头，大拇指和小指头分别操偶的左右手），放在旧报纸上画一个纸型出来，再依纸型来剪布。你还可以重复使用这个纸型，多做几个布袋偶。

把剪下来的两片布沿边缝在一起后，请把它和大厨师的头"对接"在一起。到这时，大厨师的身体与手臂也做好了。接下来就是手掌，与刚才一样，先按比例剪一个手的纸型，再依纸型剪下两片布来缝好，最后与手臂"对接"，当"对接"成功后，大厨师就差不多完成了。

俗话说："人要衣装，佛要金装。"到给大厨师做衣服的时候了。依我们偶头的尺寸先给大厨师做一顶白色厨师帽，给它戴上吧。衣服的样式就发挥一下大家的想象，当我们再给大厨师做一条围裙就更逼真了。

2.美丽的蝴蝶姑娘——悬丝偶

悬丝偶的制作，我们以 2005 年公演的偶剧《蝶变》中的悬丝蝶多多为原型。

准备材料：旧袜子一只、纽扣、棉花、橡皮筋、白布以及各种颜色的布块、旧毛线、针线、鱼线、颜料、筷子一双。

首先：按照布袋偶的方法制作出直径为十厘米大小的蝴蝶的头部。

接着是身体：用绿色的布缝制一个中间大、两头略小的梭形口袋。然后，往口袋里面塞满棉花，再把这个口袋的开口与蝴蝶姑娘的头部"对接"，蝴蝶姑娘的身体就完成了。

取六根五厘米左右的黑线，一头绑上一颗蓝色的小毛线球，另一头缝在蝴蝶姑娘身体的恰当部位上，这样蝴蝶的脚就完成了。

接下来是蝴蝶的翅膀，找一块布画出蝴蝶的一对翅膀，用颜料在翅膀上画上美丽而对称的花纹，等到颜料干了之后，把翅膀剪下来，缝在做好的蝴蝶的身体的两侧，这时完整的蝴蝶就完成了。 既然是悬丝偶就应该是用线吊着操控的偶呀！ 不错，接下来我们就要在蝴蝶头顶的两端和尾巴各缝上一根30厘米左右的鱼线（因为鱼线不容易打结、比较结实），再把三根鱼线的另一头分别绑在一根筷子的两端（为了在表演时让观众看清楚蝴蝶的身体，应该把控制头的线缩短一点，让头可以昂起来）。 接着，用同样的方法把蝴蝶每一扇翅膀的上下两端分别用35厘米的鱼线和另一根筷子连接起来（这一根筷子应在另一根筷子的上面）。 到这时，我们的悬丝偶就完成了。 当我们的左右手分别拿着两根筷子，轻轻地上下移动连接着翅膀的那一根筷子时，美丽的蝴蝶姑娘就在我们的手里"飞"起来了。

3.威风的老虎——棒棒偶

棒棒偶的制作方法较为简单一些，这里以老虎为例，简单介绍一下棒棒偶的制作方法。

准备材料：硬纸板，颜料，橘黄色的布，25厘米长、3毫米粗的小棒两根，黄色的毛线少许。

先做老虎的头部。 在硬纸板上画出两个直径为10厘米的相同的虎头，两个虎头的背面对着背面，把一根小棒竖直地夹在中间粘起来。

接下来是老虎的身体。 剪下长20厘米、宽10厘米的布，在布上用颜料画出老虎身体的花纹（布的两面都要画），然后把布放在一旁晾干。 先制作老虎的尾巴，在另一根小棒的一端缠上五六厘米的黄色毛线，并在端头扎上几束黄毛线，这样老虎的尾巴也完成了。

这时，把已经干了的老虎的身体的两端分别紧紧地缝在老虎的头和尾巴的小棒上（身体要挨着头和尾巴的下沿）。 这样，一个能屈能伸能旋转的老虎棒棒偶就完成了。[①]

① 本文参考2005年卓怡萱老师授课资料《偶的天堂》。

十、偶台制作

戴玉敏

偶戏本身是由角色、情感、故事、动作、语言声音表达、色彩等多种元素所组成，让儿童觉得偶戏中的偶这个人物是真的、活的、有感情的、有个性的。偶戏最重要的是利用儿童的想象力，在想象与真实中，儿童对偶戏的人物、故事、空间会重新分解、组合，建立一个偶戏中的故事人物生活空间。在操偶者的表演操控中，偶拥有非凡的能力，能完成一些真实的人或情境做不到的事。记得在向阳童剧夏令营，洪老师与卓老师选剧本时，专门选了杜艾静编的《乱谈》（后更名为《蝶变》），就是让我们体会到，偶戏有无穷的演出空间可发展。操偶者运用几个简单的戏台结构，可产生多样变化，配上剧情，运用丰富的想象及表演，或大胆装饰，就能创造千变万化的人生小舞台。操偶者对偶的操控表演活动是偶戏的关键，偶台基本上不受什么限制，只要有观众的地方，就可找到偶台。

2005年7月，向阳童剧夏令营，我参与了偶剧《蝶变》组制作演出的全过程，也跟着卓怡萱老师学习有关偶台的制作。因为我们要正式地演出，搭的偶台也是正式偶台，所以在整个偶戏的暖身活动、练习活动过程中，以及应用在教学中的偶戏表演活动，我们也认识了多种样式的搭偶台。偶戏可应我们需求的表演活动空间而塑造戏台，基础偶戏台可分为上、中、下三个表演方位，同时可利用左右的布置表达不同的空间，可以有各个演区并存，但要注意控偶者的活动空间范围，让控偶人员在后台能流动变化，不互相阻碍换位就行。以下简单介绍一下各种戏台的搭法。

最简易的戏台：也就是完全不需要特意去搭建，操偶者随便就可以找到的戏台。如地面、操偶者胸前，或是凭借任何一个物品的表面就可以当戏台，也可以用一些自然的物品作背景，或操偶者穿的衣饰、围裙贴上偶戏需要的背景，偶戏的演出空间不受什么限制。

一张椅子的戏台：借一个物品的平面作演出平台，如偶在椅子平面上进行表演活动。 这不需要很大的制作，就可以制作偶戏需要的背景。 有椅背的更好，可将椅背装饰一下，搭上一块布，或贴上布景，就是一个很好的、小巧的戏台了。

两张椅子的戏台：做一偶台平面，配上幕、布景，操偶者可借戏台隐身。 可将两张有靠背的椅子拼在一起绑紧，两椅背用竹竿撑一个演出平面，再制作幕与布景就可以了。 也可以是大纸箱子，挖出一个平面就可以了。 这样的戏台面宽一些，操偶者可以隐身，还可以拉幕等。 如下图：

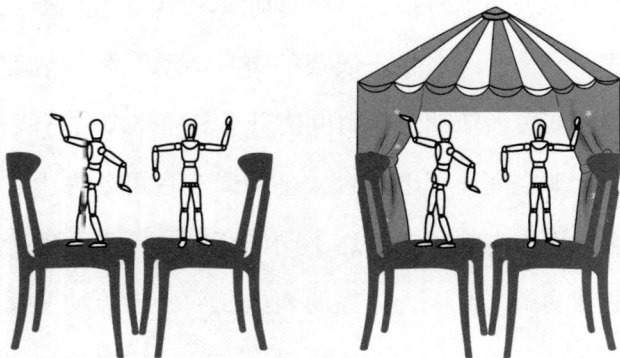

四张椅子的戏台：搭一个正方体的戏台框架，这个框架最好可以随时折装，然后用布等做成戏台，最好用黑色的布来制作。 整个框架的长、宽、高，可依演出的人数及高度来定。 下面以我们在《蝶变》中的偶台制作为例，介绍这种戏台的制作方法。 这个高度比较适合成人表演用，整个框架的长、宽、高一样，都是200厘米（正方体），用螺钉来固定，这样可能在不表演时拆台放好，不占地方。 上方放三木棒（依需要放木棒的数量，木棒可以取下来），以挂布景用。 这样，在一个偶戏表演中可换三种布景，操偶者还可以站在景后面操作悬丝偶。 幕檐用黑色布做成，高为20厘米，能遮住布景上端木棒、幕布的上端及操作悬丝偶的人就行。 幕用黑色布，高度以台面的高度为主，还可以依剧情的需要拉关左边或右边幕。 台面是偶表演的空间，高度为90厘米（也可以依偶的高度来定台面的高度），台面的宽度一般是160厘米（除去左右幕占的宽度），也可能以拉幕的方式来调整台面的宽度。 戏台也是由黑色布做成，高度为90厘米（以能遮挡操偶者的身体及隐藏的道具为准）。 左右通道是操偶者、道具、布景流动上下场的通道，可以用剧场的大幕遮掩通道，或以自然的物体如柜子等来遮掩通道，不让观众看到幕后的准备与转换过程。

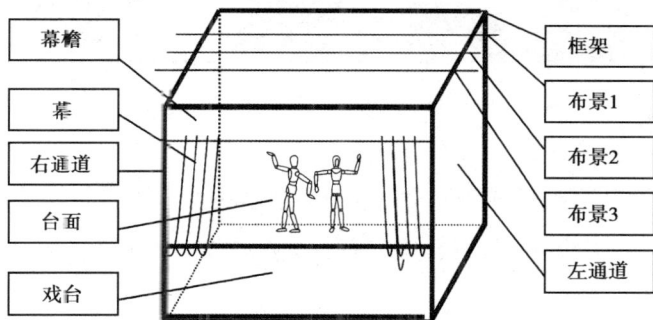

布景的制作：布景的制作方法很灵活，可以根据演出剧情内容及场地、偶台特点来制作布景，可以简单地在偶台边贴上布景，偶在布景后面演出；或将布景作为背景，偶在布景前面演出；也可以前后都有布景，偶在中间穿梭表演等。

布景的制作：依剧情内容需要场景来制作，用来展示故事发生的时间、地点、事件等，强化故事情节的表现力，并且让偶可以自由及灵活应用。 景的内容根据剧情的场景来规划。 要做几个景，景与景之间怎么转换？ 景的风格是根据剧情来创意，如画的或是贴的，平面的或是立体的，现实派或是抽象派，暖色调或是冷色调等。

　　卓老师在导演《蝶变》时，有三个场景的布景，教了两种制作布景的做法。

　　布景1是街道景，因为要让偶表演出在街道走的样子。 因为偶台较小，想出的办法就是后面的景动，偶在原地走动，从视觉上让观众感觉是偶在街道上走一样。 做法是：用一块长和宽与偶台合适的布（约三米长，也可以因偶台的大小及要表现的场景而定长度），在布上画上街景（也可用长宽合适的纸），然后再把画好的街景做成可以转动的卷轴，挂在偶台的框架上，只要转动一边的卷轴，街景就会往这边移动。 这个方法很好，可以将不同的景，依顺序画在这块布或纸上。 换景时，只要转动就可以换景了。

　　布景2客厅景和布景3卧室景是同样的做法，即做成长宽相当的景，做几个景（看剧情的需要），然后挂在偶台架上，换景时取下，又挂上新的景。

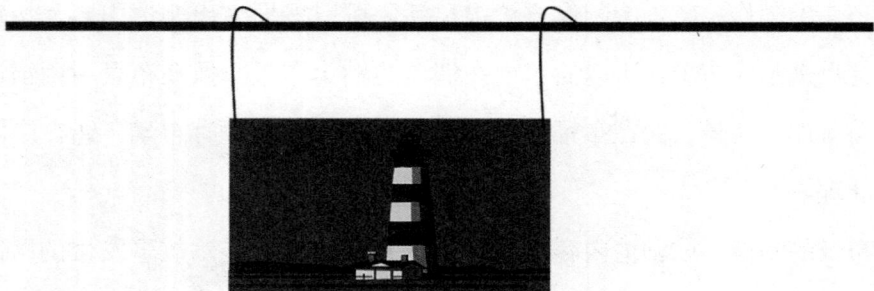

　　偶台及布景的制作还有很多方法，如果有兴趣和需要，可以查阅关于偶的制作及偶戏表演的书。①

————————————

　　①　本文参考了王添强、麦美玉的《戏偶在乐园》以及卓怡萱的讲义。

附：偶戏笔记

一、偶戏也精彩——谈偶戏的导演技巧及画面构图

赵婕

荷塘里的荷花开得正艳，田里的稻谷刚出穗，池塘里的青蛙呱呱地叫个不停，太阳也露出红红的笑脸。远处隐隐约约的人家，近处袅袅炊烟，在这像画一样的时节，在这像画一样美的地方，我们开始了第二届戏剧教学的学习。

在这次学习中，老师提供给我们两个选择，一是舞台剧，一是偶剧。从小对制作东西的爱好让我毫不犹豫地选择进入偶剧组。心想事成，经过一番竞争，我有幸成为偶剧组的一名成员，负责偶剧的舞美工作，并且参与了整个偶剧的创作与表演过程。在这里，我将自己参与偶戏创作过程中，老师如何引导我们完成整个过程做一个记录，希望能和大家分享这精彩的偶戏从创造到成型的过程。

2005 年 7 月 15—16 日

（1）选演员和剧组人员，所有想参加到偶戏组的同学都必须找一个偶（可以是专门的偶，也可以是生活中随便的一样东西），随便选一段内容，到台上即兴表演。老师根据演员的声音特质和即兴创作能力，以及剧本的要求，确定哪些人适合这出要演出的戏。确定演员：多多——陈；腊月——杜；太古、阿虎——谢；老大、爸爸——陆；小晨、路人——钟；妈妈——龚；其他——后台工作人员。

（2）确定好演员后，我们还确定了舞美、灯光、音效、助导等人员。

2005 年 7 月 17 日

（1）读剧。 导演要求我们拿到剧本开始第一次读剧，有两个角色的人，要用不同的声音表现。 导演给大家两三分钟的时间熟悉剧本，练习怎么用不同的声音表现，然后大家开始读。 剧组人员拿剧本在旁边听，熟悉整个剧情，想象一下剧的场景。

整个读剧过程中，演员觉得用两种不同的声音表现两个不同角色真的很困难，我们听的人也没有听出什么区别。 导演没有提出来，开始第二个活动。

（2）即兴（不用偶而是人来表演）。 老师把全剧分为 5 个场景，从第一场开始，演员拿剧本边读剧本边即兴表演。

老师根据演员即兴表演的情况作适当的引导，引导演员去思考，在这一时间段他可以做什么。

第一场景——老大他们欺负小晨，多多帮忙，腊月看热闹。

（1）多多和腊月在回家的路上，他们一直走路。 导演就提醒演员，他们在路上可以做什么，一般孩子在放学路上会做什么。 多多和腊月先出场，所以大家要突出他们的性格多一点，除了一个喜欢吃，一个想减肥，还有什么能突出他们的性格？ 然后提醒舞美想一想，他们在回家的路上可以怎么装扮？ 导演建议这一时期，说话时多多主导性多一点，腊月附和性多一点。然后分析他们的性格，多多的家里很有钱，但是父母不怎么管她，所以她很渴望关爱；腊月是被宠惯了的，但是父亲的教育以打为主。

（2）即兴打架一场。 演员想一想打架是怎么打的？ 然后轮流当打手，让演员找感觉。

导演设计几种情景，让大家即兴表演。 A.小晨是很萎靡、很懦弱的一种状态，但是被打且坏人走之后又是一副很不屑的感觉。 B.老大是很悠闲的样子，但是打架比太古、阿虎更狠。 C.太古、阿虎当着老大的面很听老大的话，但是实际上心里很想当老大。 D.老大的形象是不但欺负小晨，还压榨太古、阿虎。　E.下课十分钟，假如老大要欺负小晨，他会找一个什么借口，然后会怎么样？

第二场景——多多的家里，妈妈在化妆，爸爸在数钱。

假日，女儿想爸爸、妈妈带她出去玩，但是爸爸、妈妈自己做自己的事情不理她，她那时的感觉与心情。

第三场景——多多睡着，做梦，梦境中变成一只蝴蝶，看到变成蠕虫的妈妈和变成印钞机的爸爸。

第四场景——多多遇到逃命的小动物、腊月猪、喷火兽等。

演员要想一想如何表现很多的动物，动物的声音有哪些。　每个演员必须表演三种动物的声音，不许重复。　表演的时候，其他人闭上眼睛听他表演的是什么动物。

第五场景——梦醒。

（3）试偶，每个演员随便拿一个偶上台表演，注意台上人很多的时候，这些人是什么样的姿势。　然后台上出现的一定只能是偶，不能有人。　即兴剧本中，重点是人多的情景。　爸爸、妈妈在家的时候；腊月和蝴蝶相遇的时候；小晨被欺负的时候；喷火兽出来的时候。

（4）舞美根据场景画人物追踪表、场景表，设计人物造型。

2005 年 7 月 18 日

制作布袋偶。　偶有许多不同种类，导演根据你的剧本和你整出戏的构图，你想表达的方式，设计出这次偶剧演出所要用到的偶。　一般来说，偶有平面偶、半立体偶、悬丝偶、布袋偶等。

今天制作第一场景要用的布袋偶。　每个演员和剧组人员都学习制作，布袋偶分头、身体两部分。　头就用布和棉花根据舞美设计来做。　身体就用手一样大小的布来缝，布偶的手刚好能套人的手指，制作的时候最好根据演员的习惯用手指来制作。

2005 年 7 月 19 日

演员背台词。 设计演出情景，分别练习布袋偶的操作。 未完成的继续完成。

舞美组制作动物群（平面的）、印钞机（平面）、腊月猪（平面）、蝴蝶（立体）、梦境中的老大、太古、阿虎（半立体）等。

2005 年 7 月 20—22 日

演员操作偶，开始排练，丢开剧本。

第一场景——老大欺负小晨，多多帮忙，腊月看热闹。

腊月和多多从左舞台进，边走边说话，说话的同时还要做一些动作。 大概走到戏台中间的时候，就只是做走路的动作，不移动位置。 小晨出场的时候先是声音响起，然后是太古、阿虎的声音。 小晨从左舞台上，快速从右舞台下，太古、阿虎从左舞台追到右舞台，把小晨从右舞台带上来，对台词，然后开始打。 打的过程中，除了一般的打斗外，还要注意画面效果，所以设计了两个打手，从左打到右，再从右打到左。 两个人叠罗汉在小晨身上。 多多为了帮助小晨，和老大他们开始争斗。 这一时候同时要注意画面效果，所以设计了从太古、阿虎到老大轮流上场都被打下的场景。

第二场景——多多的家里，妈妈在化妆，爸爸在数钱。

导演引导女儿面对不理自己的爸爸、妈妈怎么去引起他们的注意。 爸爸、妈妈要一直专注于自己的事情，对待女儿的要求只有马虎的回应。 多多对这样的爸妈没有办法，只好回到自己屋子里。 回到自己的屋子里，她会做什么事情？ 最后引导出多多回到自己的家里，进行每天的必修课（照哈哈镜），然后睡觉。

第三场景——多多睡着，做梦，梦境中变成一只蝴蝶，看到变成蠕虫的妈妈和变成印钞机的爸爸。

多多怎么破蛹而出，变成蝴蝶？ 这里为了画面效果，最后加了手电筒光。 蝴蝶（布袋偶）在天空中幸福地飞。 蝴蝶（悬丝偶）去看爸爸妈妈，蠕虫妈妈慢慢旋出来长长的白白的身子，印钞机爸爸一直数钱，不停地往外面吐钱。

第四场景——多多遇到逃命的小动物、腊月猪、喷火兽等。

众动物声音先上，然后羊群、牛群、猪群（悬丝偶）等动物从左舞台上，快速移动到右舞台下。 又从右舞台快速移动到左舞台。 腊月猪从右舞台进，不停吃东西，捡破烂，不认识多多，左舞台下。 喷火兽小晨从左舞台上，不停喷火，遇到从右舞台上的太古（沉熊）、阿虎（老虎）、老大（狮子）。 再一次打架，基本同前面打架。 结果喷火兽小晨喷了好多火出来，烧了起来。

第五场景——梦醒。

舞美人员制作背景，包括街景、客厅景、卧室景，然后制作黑头套、黑手套。

2005 年 7 月 24 日

偶戏灯光、音效的设计，根据导演要求找相关的音乐，舞美继续做一些相关道具。 演员和导演一起继续排戏、修改。

2005 年 7 月 25 日

正式加入灯光、音效练习。 其他剧组人员加入表演。 下午 3：00 第一次技排，晚上 8：00 第二次技排。

2005 年 7 月 26 日

练习装台、拆台。 第一、二次彩排。 演员一次一次熟悉，修改。

2005 年 7 月 27—28 日

正式演出。

上面记录了偶戏从创作到成型的过程，很多是导演和全体工作人员智慧的结晶，希望大家能从中总结一些可以用的方式，最重要的是要学会想象，学会运用多种元素，引导出最好的效果。

二、偶剧艺术对智障儿童的缺陷补偿作用

陈泳洁

艺术虽然不能为智障儿童带来衣食，参与戏剧创作的儿童，生活不一定能够自理，但是经过艺术熏陶，参与过戏剧排演的儿童，肯定是快乐的儿童。偶剧是儿童喜闻乐见的一种戏剧艺术。本部分将论述偶剧的含义与分类，特点与要素，偶剧创作的过程（包括"暖身"与"暖声"，"写剧"，"发展剧情"，"读剧"，"角色自传"，"制偶"与"布景"，"彩排"与"技排"，"正式演出"，"回放"），并分析每一步骤对智障儿童的身心发展有怎样的缺陷补偿作用。

（一）偶剧的含义与分类

偶剧艺术是融合了造型、动作、对话、编剧、即兴创作、布景服装等设计，并兼具雕刻、绘画、舞步、戏剧于一身的戏剧表演艺术。偶剧是由操偶者借偶具的动作，经其他的舞台条件配合的演出。

以操控方式来区分，偶剧可分为：

1.面具、人偶

面具戴在演员脸上或头上，再加上演员本身的肢体来演出，这是偶剧最早的形式。由仪式中人类企图与天沟通的欲望而产生。其优点是可借脸型的改变，辅助演员彻底营造出一个完全不同的角色。

2.手套偶

凡套于手中操作均属之，基本型可分为掌中式手套偶（如布袋戏）与开口式手套偶，灵活有亲和力，容易入门。

3.悬丝偶（提线傀儡）

操偶者从偶的上方控制戏偶，偶身上有线绑到操控器（传统称提线板）上，演员拉动线来操控戏偶。可以做到很细致的动作，难度较高。也有以

铁枝穿过偶头到操控器来支撑戏偶，戏偶其他部位仍用线操作，称为铁枝悬丝偶。

4.杖头偶（奉偶、撑杆偶）

杖头偶演员由偶的下方以一只手握住命杆，操控偶的重心，另一只手握住两根手杆来操控偶的手臂。

5.影偶

表演者在屏幕后方，以光打在影偶上投射到屏幕，观众坐在屏幕前方，看到的是投射在屏幕上的影子。从前偶多用皮雕刻而成皮影戏，现代则可使用卡纸、塑料片、薄木板或塑封方式制作各式影偶，再加上光的颜色或位置变化，制作"光影戏"。

6.执头偶

近代西方偶剧家借用日本文乐的偶剧形式改变而来，演员站在偶的后方，以棍棒或握环操纵戏偶，是目前现代剧场喜爱用的一种形式。

7.物品剧场

利用随手可得的物品，如锅碗瓢盆等日常用品，加上创意与想象，操控无生命物将之展现出生命现象及角色个性，变成一个个活蹦乱跳的戏偶，为生活添情趣。

（二）偶剧的特点与要素

偶剧具有如下特点：以手部动作与声音表演为主；不使用真实的道具，绝大部分要手工绘画、制作，能充分发挥想象力；需要的空间小、灵活，但是由于舞台空间小，所以参与的人数也比较少。

偶剧是戏剧中的一种形式，具有戏剧的四要素：演员、观众、故事内容和表演空间。

戏剧必须是演员通过动作、性格的展现以及人物的对话来传达剧本的感情。偶剧中的演员不单是操偶者，还包括偶具本身。因为这时偶具已成为操偶者操控之下有生命的演员，它是人们为达戏剧的目的，予以生命化的无生命之物体。

没有观众就不能算是一台戏。演员的每一次演出对观众来说都是首演、都是新鲜的。观众的每一次喝彩声，对演员来说都是一次激励。演员会因为有观众的喝彩而表演得更加出色，所以演员和观众是紧紧联系在一起的。

偶剧的剧本可以天马行空，富有想象力，创造出一个个梦幻般的奇幻世界。

偶剧所需要的空间没有一般戏剧的要求高，除非一定要制作大型的偶剧效果，否则可以简约到只是一张桌子，甚至只要有操偶者或站或坐的位置，就可以上演一出偶剧了。当然最好是能搭建一个偶台，这偶台占地也不过 4 平方米左右。

（三）补偿作用

戏剧治疗家罗勃·蓝迪，就矫正治疗医学的观点来看："操偶者或演员可借面具与偶具为替身，消除自我意识的顾虑，跳脱狭隘与现实的困境，自在地表达。从剧场演出的层次来看，他们可以摆脱自我的局限，进入一种共同象征的表达方式。对教育工作者而言，这两个层次皆可应用于人类的学习。"因此，就教学应用的观点来看，偶剧能让儿童创作、操作、移情，以展现出他们的思想与天分，使他们勇于表现，探索他人的观念，并产生创作的热忱与更成熟的自我信念。

偶剧除了在心理治疗方面和儿童教育方面发挥作用外，在智障儿童教育中还能发挥其他的作用吗？下面来看一下偶剧的创作过程，看看每一步骤运用到智障教育中对智障儿童的身心发展起到什么样的作用？偶剧艺术适合智障儿童参与吗？

1. "暖身"与"暖声"是剧场活动的前奏

暖身活动以不太激烈的方式，循序渐进地把全身的关节打开，使演员在短时间内集中精神，并使全身各部分以舒展的姿势迎接接下来的剧场活动。每一次排演与表演都离不开暖身活动。它具有缓慢、舒展、反复的特点，比较适合智障儿童注意力较低、学习速度较慢、需要多次反复学习的特点。

此外，暖身活动需要演员有较好的感觉统合能力。进行暖身活动时，当人体的感觉器官：耳朵听到的命令、眼睛看到的情景，向中枢神经系统输入我要做此动作的信息，大脑皮层的所有感觉区，对许多输入的信息进行协调和整合，并把注意力集中到正在活动的关节上，才能使我们较好地完成此动作的任务。

大部分智障儿童在某一或多种知觉输入，及大脑皮层协调整合信息方面存在缺陷，造成感觉统合失调。感统失调时，会对情绪、行为、语言发育、运动功能发育、学习能力等都有一定的影响。帮助学生进行暖身活动，会对学生的感觉信息输入和整合失调起积极的治疗作用，并能促进患儿整个神经系统的成熟。而且反复多次训练，能使患儿的中枢神经系统对各种感觉信息的整合得到改善，对感统失调所带来的问题起到治疗作用。

暖声活动从调整呼吸开始，吸气时腹部鼓胀，呼气时腹部凹陷。听从指令从一吸八吐、二吸七吐直到八吸一吐为止，当演员的情绪逐渐安定并完全进入到腹部呼吸的状态后，就可以开始进行发音练习。第一阶段的练习可以先用腹部深深地吸一口气，然后发出最简单的一个元音 a—，发音时嘴巴必须张到最大的限度，用最大的声音，并一直延续到腹部的气完全吐出为止。继续用相同的方式发 e—i—o—u—，这种发声练习延续了用腹部呼吸的方式，并加上简单的元音发音，非常适合能发出声音但是发音不完整的有语言缺陷的智障儿童。长期的暖声练习，对口语表达也有很大的帮助。如果他能完成这一阶段的练习，可以进入第二阶段。用腹部深深地吸一口气，然后以最快的速度说出 a—e—i—o—u—这五个连续的元音，要求每个发音都必须是完整的发音。偶剧表演时演员只能靠声音表达剧本的内容，所以声音的响亮和清晰是非常重要的。在这个阶段，就是演员练习嘴巴牙齿的咬合的最好机会。

智障的学生在这一步骤，一是可以学会用腹部呼吸，这对调整情绪有很大的作用，特别对有情绪障碍的学生来说，是种很好的训练活动；二是能进行语言方面的训练；三是可以锻炼学生的胆量。

2. "写剧"体现剧作者的意图

剧作者通过写故事表现自己的思想。在智障学校里，一般由老师撰写剧本，但也可以由老师写出故事的大纲，然后由学生发展剧情。如《老虎吃月亮》一剧，老师确定的主题是：八月十五那一天，月亮又大又圆，老虎很饿，想来吃月亮。学生根据这个故事，都觉得月亮不能被老虎吃掉，于是提出很多意见。他们想到了制造很大的声音把老虎吓跑，用风把老虎吹跑，请老虎吃其他圆圆的东西而放弃吃月亮等方法。在发展剧情的过程中，学生开动了脑筋，自己分析问题，并找到解决之道。老师在此基础上继续把剧本补充完整，成为一部完整的剧本。学生参与了剧本的创作，体现出自己分析解决问题的能力，表演起来更加能集中精神，从而获得信心。

3. "发展剧情"是完善剧本的阶段

在偶剧《蝶变》中，出现了很多动物，和其他有类似人类情感的物体，所以在发展剧情时，就要对这些动物和物体的情绪进行发展。他们会像人类一样有各种各样的表情和情绪，如喜、怒、哀、乐、好奇、惊讶、恐怖等。演员在这个阶段要各自寻找两三种动物的发音，并只用声音演绎出这种动物的情绪。这一方面的练习与中低年级的唱游相类似，能够迎合学生好玩的心理。

偶剧中任何一个人物、动物或物体，都有自己的动作，这个动作应该与他所饰演的角色相关，并能体现角色的性格。根据这个原则，每个演员都要为自己的角色设计一种有节奏的律动方式，作为此角色的招牌动作。如《蝶变》中腊月吃东西，爸爸数钱，妈妈涂粉，小晨颤抖等。带有节奏的重复动作，可使角色的性格突显。由于剧情的需要，学生自然而然地按节奏完成了手部小肌肉与大肌肉的活动，起到与音乐治疗相当的作用，而学生也不至于由于重复相同的动作而产生沉闷的感觉。

4."读剧"是声音的表演

剧本完成，演员被分配角色，并聚集在一起读剧本。 读剧本使演员对剧本有了初步的了解，并主要用声音表现出剧本的魅力。

智障儿童读剧本，能提高阅读能力及增强记忆力。 他们从跟着老师一句一句念剧本，到一段一段地念剧本，再到最后能够丢本顺词。 在这个过程中，他们不断使用自己的眼睛、耳朵、嘴巴和大脑各个感官，得到充分的活动和良好的发挥。

（四）提升能力

1."角色自传"逐渐提高学生演员的理解能力

演员在接到角色后，就必须尽快读懂剧本的内容，并对自己饰演的角色的外貌、衣着、性格、动作、语言、生活背景等有所了解，并根据对角色的理解，写出一百字左右的角色自传，以更好地揣度角色。

在与智障儿童排演戏剧时，作为导演的老师，必须以深入浅出的语言告诉他们将要饰演的角色是个怎么样的人，使演员进入角色排练。 在解说的过程中，智障儿童的理解能力会得到不断的提高。 如戏剧《寻秦记》中，通过老师不断地讲故事，学生们知道秦始皇是个残暴的君主，但对中国的统一也作出了非常大的贡献。 饰演秦始皇的学生，从一开始排演时畏缩结巴，到排演后期真有点威风八面的气势，其中的变化，表现了学生语文理解能力的提高。

2."制偶"与"布景"发掘学生演员的美工能力

制作偶具与绘画布景的过程中，能发掘出学生的美工能力。 演员可以发挥天马行空的想象力，说出自己对角色的意见，根据角色自传描绘角色的形象，然后由舞美绘出草图，把想象的形象用笔表现出来。 接着用适当的工具制作出各种各样的偶具，绘画与制作的过程，是个从无到有的过程。 学生可以在这个过程中感受到创作的快乐。

3.“彩排”与“技排”加强学生演员的合作能力

在偶剧排演的所有过程中，各个部门的工作人员都需要通力合作。相互之间进行沟通，了解对方的意图后再进行协商。在此过程中，学生将渐渐学会如何与人沟通及协调，了解各种社会关系，他们的合作能力得到了很好的锻炼。

4.“正式演出”令全体人员产生参与感

除了亲身演出的演员外，所有参与到戏剧活动的人，包括家长、老师、台前的演员、幕后制作的人员以及台下的观众都能产生参与感。他们或多或少都会被戏剧的内容感染，从而获得精神上的满足。

“回放”形成学生演员的评估、自我检讨能力。演出结束后，所有参与戏剧表演的人员会一起观看录像，并对演出时出现的情况进行评估与检讨。当学生特别留心自己的行为举止时，他就显示出自我评价的能力了。

除以上所述外，智障儿童在进行制订计划、管理道具、场地布置等后勤工作时，也能显示出各种能力的提升，如控制情绪、提高判断能力、表现自我的欲望、满足感等。依据剧本不同的内容，还会产生各种不同的作用。

艺术对智障儿童来说是一种奢侈品吗？不，艺术虽然不能为智障儿童带来衣食，参与戏剧创作的儿童不一定能够自理，但是经过艺术熏陶，参与过戏剧排演的儿童肯定是快乐的儿童。戏剧丰富了智障儿童的人生，他们在戏剧中经历了无限风景，体验到百态人生。而且在戏剧创作的过程中，每一步骤对智障儿童的身心发展都有相当的缺陷补偿作用。偶剧是儿童喜闻乐见的一种戏剧艺术，它很容易引起儿童的观看与参与的兴趣。所以偶剧艺术是很适合智障儿童参与的一种艺术形式。

第二幕

向阳中心应用"戏剧"的经验分享

以戏剧为手段的实践经验

一、戏剧之舟，载我们飞翔

周德明

源起：有人说，"人生如戏"；有人说，"戏如人生"。 我觉得人生就像一个舞台，我们每一个人都自导自演每一天的生活，将喜怒哀乐、人生百态一一演遍……人生舞台上的戏码不一定精彩，往往出现必须以理性面对的困境与无奈。 虽有欢乐，却少有高潮迭起的戏剧效果。 无论怎样，我们都在为扮演好自己生活中的角色而努力着，奋斗着，不管结局如何！

戏剧是人类表现内在情感的艺术活动之一，戏剧世界充分满足了人类无限心灵的实践可能性，可以纾解现实世界的压力以及对自我的种种期许，将现实的有限世界扩大到无限的可能之中。

伊丽莎白·彭妲考芙在《上课好好玩》一书中说："戏剧是好玩有趣的，它培养孩子的自信心，增强与团队间的互动关系、自我要求的荣誉感、学习上的专注力，创造出具有特色的自我表达能力。"因此，通过戏剧进行教学，无论对孩子的思考力、解决问题的能力都是非常有帮助的，并且激发孩子上课的兴趣和主动参与的能力。

卢梭在《爱弥尔》一书中提到："怜悯，这个按照自然秩序第一个触动人心的相对的情感，就是这样产生的。 为了使孩子变成一个有感情和恻隐之心的人，就必须使他知道，有一些跟他相同的人也遭受他曾经遭受过的痛苦……因此，任何人都只有在他的想象力已经开始活跃，能使他忘记自己，他才能成为一个有感情的人。"

在 2004 年盛夏，佐拉老师为我们带来了一种全新的教学法——戏剧教学法。从此，我们踏上了新的征程。

其实在教学中，老师都会或多或少地应用戏剧的方式教学，如角色扮演法。回忆起我们在学习"医院"这一单元主题时，在教学活动中，我们将教室布置成医院的样子。学生和老师有的扮演医生，有的扮演护士，有的扮演病人。当医生的穿上白大褂，戴着听诊器；护士呢，则拿着针管给病人打针，病人都去找医生看病，玩得不亦乐乎。这次，我们才真正体会到戏剧的魅力。

那戏剧如何成为教学的工具呢？

戏剧是一门综合的艺术，包括语言、舞蹈、美术、雕塑、建筑等多重元素的特质，使其成为具备统整课程的创作性教学法。

戏剧包含六大元素：声音与安静，黑暗与明亮，静止与移动。戏剧用这六大元素来彰显戏剧的张力。

戏剧的最大主力是情景设计，包括人、时、地、事，是运用戏剧与剧场的技巧，从事学校课程教学的一种教学方式。它以人性自然法则，自发性地与群体及外在接触。在老师的引导下，在计划与构架的引导下，以创作性戏剧的即兴表演、角色扮演、模仿、游戏等方法进行，让参与者在彼此互动的关系中充分地发挥想象，表达思想。在实际操作中学习，以期使学习者获得美感、经验，增进智能与生活技能。因此，教育戏剧可作为语文、史地、社会科学、自然科学、艺术等诸多课程内的教学活动。

在此，特别强调的是创作性戏剧教学法是一种具有结构性的教学法。

佐拉老师带着我们一起体验戏剧之美。

卓老师带着我们一起体验"偶之美"。

剧场的魅力真正展现在每位演员、导演、观众的眼前。

我们要带着我们特殊的学生一起去经历这种美，寻找这种美，来一趟戏剧之旅，好戏开场了！

（一）讨论分析主题内容、教学流程

首先，老师们聚在一起讨论戏剧主题，大家在一起用脑力激荡的方法，我们的思维是发散的，将想到的好玩的事情、故事等都记下来，包括以前曾学过的主题。于是一个个好玩的主题诞生，如玩具总动员，我的三轮车，三只小猪，动物园，魔法之门，天线宝宝历险记，毛毛虫的一天，春天的花园，小小推销员，变色龙，气球找朋友，蘑菇房，狼来了，小鬼当家，谁动了我的火锅，老鼠嫁女儿，××的旅行，磁铁大战，神奇的泡泡，大人国、小人国，狐狸请客等。每一个想出主题的人都大概描述一下故事的经过，以便大家了解。

选择戏剧主题时，主要考虑以下因素：

（1）该故事是否很容易改成我们想要的，并且可以让孩子很容易表现的戏剧。

（2）是否有助于戏剧的整个视觉效果的表现。

（3）是否有助于学生的心理层面的提升。

（4）是否与学生的 IEP 目标有联系。

（5）学生的参与度怎样。

然后大家开始投票，票数最多的作为本学期的主题。我们投票的结果是：生活趣味性强、想象力比较丰富、有一定哲理的主题入选。入选的主题有：三只小猪，毛毛虫的一天，老虎吃月亮，老鼠嫁女儿，大人国、小人国。接着看看主题之间有没有发展的一些逻辑顺序，可以先上什么，再上什么比较顺利。还看这些主题和季节有没有直接的关系，依据这些条件，我们将主题排序：大人国——毛毛虫的一天——三只小猪——老鼠嫁女儿。大概的想法是：孩子们在一次梦中忽然来到了大人国，大人国里的东西都很大，小朋友们想各种办法使用大人国里的物品，如很长很大的筷子，很大很大的杯子。看到这么巨大的物品，我们怎么使用呢？怎样喝水、吃饭呢？接着他们拿走了大人国里一个很大很大的毛毛虫，然后讨论毛毛虫吃什么，穿什么鞋。 毛毛虫认识了三个好朋友——三只小猪，他经常到小猪家玩，小猪家的东西却不见了，原来被老鼠拿去嫁女儿了，就这样将主题之间有机地联系在一起。 大家都觉得这些利于表演和讨论问题。

定好主题之后，接下来就是分析主题。 幼儿园分别从问题、推理、艺术欣赏、动作、语文能力、数学能力六个方面进行分析。

例如，《猴子偷帽子》这个戏剧单元中，设计的问题是：老爷爷的帽子哪里去了？ 怎样才能将帽子拿回来呢？ 在推理这方面，设计的推理是：卖帽子的人为什么坐在那里？ 如果怎样，就会怎么样？（如果我做一个动作，猴子就会马上跟着做……）在艺术欣赏这个部分，我们设计各式各样的帽子，并且设计相应的舞蹈动作。

针对幼儿园组和常规组学生的不同目标做不同的教材分析。

因为三班的学生认知能力差异较大，所以我们依据学生目前的能力和他们有没有机会上或以后有没有机会上幼儿园分成常规组和幼儿园组，然后找出他们上幼儿园时最重要的目标有哪些，常规训练最重要的是训练哪些目标。 幼儿园组的目标有：创造思考，艺术创作与欣赏，身体活动，自我学习，发现和解决问题，想象，推理能力，语文能力，数学能力；常规组的教学目标有：自我探索，环境觉知，模仿，听指令的能力。 找出各自的目标后，在以后的戏剧教学中，就可以经常提醒老师需要教导学生这些目标，并且设计相关的教学活动。

又如：毛毛虫的一天，教材分析部分按照生活、问题、推理、动作和艺术欣赏五个部分来分析。 设计的问题是：毛毛虫吃什么呢？ 毛毛虫有许多脚，它的鞋子从哪里来呢？ 毛毛虫怎样睡觉？ 怎样洗澡、挠痒呢？ 在推理部分：让学生想一下，毛毛虫长大后变成什么？ 在考虑毛毛虫的生活方面，包括其衣、食、住、行的解决；在动作部分，包括它吃饭的动作，走路动作，爬的动作，挠痒的动作和睡觉的动作；在艺术欣赏方面，可以穿蝴蝶装展示自己的美丽，可以在脚上直接画出五颜六色的鞋子；在相关能力方面，分别也包含语文、数学、美术、音乐四个部分。 依教材内容和学生的认知能力分析出认知能力较差的一组的学生语文的学习内容是：指、认读毛毛虫、蝴蝶、爬、洗澡、睡觉、脚、叶子的图片和字词。 数学的教学是认识1和许多、一双鞋子。 在美术的教学方面，是在脚上画鞋子，做蝴蝶装，做翅膀。音乐课的教学是体验毛毛虫律动，唱蝴蝶歌，跳舞等。

接着，我们开始构思故事的大概内容，将故事的主要内容描述出来以备用。

最后，我们一起讨论出活动的发展流程，具体落实到每天教什么内容。

（二）实施教学

每天的教学结构遵循戏剧教学法的过程来进行。

1.游戏暖身

游戏暖身：游戏需与教学目标配合。

游戏暖身的活动需与教学内容有关，鉴于学生的能力，我们可以设计成模仿活动，或者做游戏。 例如，在《老虎吃月亮》的教学活动中，学生想到用藏月亮的方法，让老虎找不到月亮。 那游戏暖身就是将其中一位同学藏起来，然后让别的同学去找，或者用布将同学或自己遮起来，让他们理解何为"藏"。 又如，在《猴子偷帽子》的戏剧中，因为猴子要模仿人的动作，设计的游戏暖身是"请你跟我这样做"，即学生模仿别人做一样的动作。

2.开场白

开场白：简短有趣的引子。

在《老虎吃月亮》的戏剧单元中，老师拿出月亮问学生，并引导学生回答这是月亮，再出示与月亮形状一样的月饼（因为这个戏剧是在临近中秋节时上的），老师说等一会儿你们将会看到一只爱吃月饼的老虎。

3.故事呈现

说故事：老师进出角色的符号解说。

在说故事之前，有一个小插曲，即要有一个进出角色的符号确认。 符号可以是老师与学生一起约定的，也可以是老师设计好的。 它可以是服装、对象，或者是一个动作、一句话等。 例如，我们曾用过的符号有：在《爱玛种花》的戏剧教学中，我们用帽子来作为进出戏剧的符号，戴上帽子就是戏剧中的人物——爱玛，取下帽子就是老师。 我们的符号是老师和学生一起约定俗成的，即边做动作边说："叽里咕噜、叽里咕噜放进去。"说叽里咕噜时双手不绕绕圈，说到放进去的时候就双手握拳，做放入脑子的动作，意为将想象力放入脑中。 借由这，我们就变成故事里的人物。 故事讲完后，老师和学生也一起边拍手边说"劈里啪啦劈里啪啦滚出来"，我们就又变回我们自己。 如在《老虎吃月亮》的戏剧教学中，老师开始讲故事：天上有一个月亮，大大的，圆圆的，照在原野上，夜色很美。 这时有一只大老虎出来了，它边跑边说"饿，饿，我饿了，我要吃大饼"，猛然抬头看见天上的月亮就叫了起来"大饼，大饼，我要吃大饼"，一边说一边使劲往上跳，想吃掉月亮（这些可以用投影的方式一边讲一边呈现，也可以用表演的方式来进行）。

4.讨论解决之道

讨论解决之道：提问的技巧（精确度）。

在《老虎吃月亮》的戏剧教学中，老师出场说：糟了，老虎要吃月亮怎么办？ 引导学生去想，可以采取分组的形式，也可以让学生自由回答，或者用画笔将自己的想法画出来。 然后将想出来的办法一一列出来：如富富同学想的是用树、木板、桌子、草挡老虎；杨杨同学想的是用布遮月亮，用木棒打老虎，用高山挡月亮，用房子挡月亮；鑫鑫同学用笔将纸涂抹得很黑，我们给他寓意，是用乌云挡月亮；有拿好吃的或者圆形的食物来喂老虎的（杰杰同学）；有用锣、鼓、磬等乐器敲出声音吓走老虎的（开开同学）……列出来之后，就按照同学们自己想的办法分头准备。

5.请求帮忙

请求帮忙：态度！

老师会以低姿态的方式请学生帮忙。 在《老虎吃月亮》的戏剧教学中，老师对学生说："月亮怎样才不被老虎吃掉呢？ 我们一起来帮助月亮吧，好吗？"大家都非常愿意帮助月亮。

6.再次进入戏剧世界

再次进入戏剧世界：孩子进出角色的符号设定要明确。

再次带孩子们进入戏剧世界时，我们进出戏剧的符号要明确。 在《老虎吃月亮》的戏剧教学中，我们用"叽里咕噜、叽里咕噜放进去"进入戏剧，然后用"劈里啪啦劈里啪啦滚出来"作为出戏剧的符号。 进入戏剧后，老师开始讲故事：太阳下山了，小鸟回巢了，同学们也回家了。 天黑了，天上挂着一轮圆圆的月亮。 人们都在欣赏美丽的夜景。 正在这时，一只饿着肚子到处找吃的的老虎出来了，它这儿看看，那儿看看，都没有发现吃的。 突然，他抬头看见了圆圆的月亮，大吼了几声，说："饿，饿，饿，我饿了，我要吃大饼。"然后老虎就往上跳，忽然月亮不见了，被同学们藏起来了，老虎找不到月亮，只好悻悻离去。 临走的时候，老虎狠狠地说："我明天再来。"第二天教学程序一样，并且将孩子们想出的办法一一去试用。 看同学们想的办法是不是有效果。

7.引导讨论与孩子的生活做连接

在分享阶段，老师会让孩子想一想，怎样将我们学的方法应用在生活中。 即我们可以提供一个短暂的真实经验，让孩子去探索与自己人生相关的议题。 如在《大人国》的戏剧教学中，老师问学生，假如你们来到一个陌生的环境里面，从来没有去过的地方，你要找在那里工作的爸爸，你们将怎样去呢？ 这些问题可以留给他们思考后再回答，他们可以去找资料，问人，回家与家人讨论等等。 然后再分享。

事后的记录也很重要，是完善教学活动，也是老师再次梳理自己的教学过程，反省自己教学的最好的方法。 老师回过头去，可以发现并看到学生们的一些好的表现，一些意想不到的闪光点……

我们除了用人来表演的形式以外，还采用偶的形式来表演。 如在《父子骑马》的戏剧教学中，刚开始时是由学生表演，开开同学扮演儿子，富富同学扮演父亲，杨杨同学扮演马。 这都是他们自己甄选上的。 其余的学生扮演路人。 他们的台词都是依据他们的口语能力来编写的。 如路人说："你们看，那一对父子好笨哦，有马都不骑。"爸爸说"儿子，骑马"，儿子就骑到了马背上。 当路人说那个当爸爸的真不疼自己的孩子时，儿子下马说"爸爸，骑"，还做骑马的动作。 等他们都记住台词后，就换成用纸板偶的形式来表演。 老师事先搭好偶台，由学生拿着自己扮演的那个角色在偶台上演出。 公演的时候，加上灯光、幕布和观众，还真像模像样的，比平时排演时都表现得好。

我们将学生表演过的剧编成剧本的形式，让他们在平时都可以阅读，有利于阅读理解能力的增强。

如果孩子在教学中出现困难，老师要适时介入和调整，但切记不要直接说出答案，不要直接帮忙，而是用别的方法，如用物品刺激他思考。 例如，在《猴子偷帽子》的戏剧中，当孩子被卡在不知道怎样帮助月亮时，老师会给他们讲"孙悟空"被"唐僧"戴上紧箍的故事，或者老师会突然拿一个特别的东西与学生换他们特别钟爱的物品。

戏剧教学法对认知能力较好的学生效果很好，以三班学生为例。 脑瘫班的学生认知能力较好，能够在班上解决问题，他们上课的积极性提升了，在整个教学活动中踊跃发言。 还积极地开动脑筋，想出各种解决的办法，并且能到讲台上大胆地讲出来。 用他们现有的沟通能力，表达出他们的方法和建议。 他们很喜欢上戏剧课，但在再次进入戏剧世界时，因动作限制，故不能充分地参与。 对于认知能力比较差的猴子班的学生，虽然动作能力好一些，但他们有的完全不能理解故事内容，有的无法模仿动作，都是在助教带领下参与。 主动参与的能力较低，主要是通过不停重复的教学模式培养他们的模仿能力、听指令的能力，特别是在自我探索和环境觉知这两部分。 戏剧教学的动作、表情、语言的表现形式比较活泼、夸张、有趣。 在服装、道具上的精心设计加上音乐、舞蹈等元素，让学生对环境比较有注意力，并且可以自己去探索感兴趣的那一部。 如在《大人国》的场景布置中，我们将窗户用黑布挡住，房间、通道都是黑黑的，孩子们在一次郊游中一不小心跌进一个山洞里，然后他们穿过黑黑的通道变成的隧道，什么也看不见，孩子只能用爬的方式穿越隧道。在钻过一个用纸箱做成的洞口来到一间黑黑的大房子里，孩子们只能使用手电筒去照房间，看房间里都有一些什么东西，这样他们就不得不去探索环境，只是他们在想问题这部分的参与性不够，还可以找出更多更好的策略让他们更好地参与。

我们在 2004 年至 2005 年中共举行了以下 14 个戏剧活动：《老虎吃月亮》、《猴子偷帽子》、《开向阳酒楼》、《特别的爱给特别的家》、《大人国、小人国》、《毛毛虫的一天》、《三只小猪》、《园游会》、《老鼠嫁女儿》、《父子骑驴》、《我的手》、《向阳杂技团》、《美丽的公鸡》、《特别的爱给特别的家》（不同版本）。

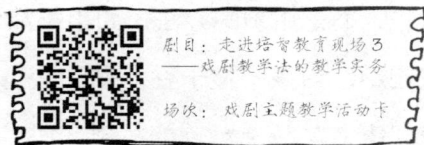

剧目：走进培智教育现场 3
——戏剧教学法的教学实务
场次：戏剧主题教学活动卡

二、和我玩好吗？ —— 演戏也生活

赵婕

"假如有一天，有一个孩子突然跑来抱住了你，请回应他温柔的一笑，因为他只是喜欢你，和你打招呼。"

"假如有一天，有一个孩子突然打了你一下，请不要在意，那只是他不知道怎么和你打招呼。"

"假如有一天，有一个孩子突然跑过来抢你的东西，请给他玩一下，他不是真想要你的东西，只是很喜欢，想看看罢了。"

"假如……"

许多时候，我们一直苦恼着孩子的社会行为，他们总是不知道怎么融入这个社会，怎么和别人打招呼，怎么和别人玩。于是，我们就找各种方法来教他们，要他们学着适应这个社会，我们花了很大的功夫，可是他们好像还是没有怎么学会。

从上学期以来，我们一直开设教育戏剧教学法课程，孩子一下子就爱上了这门课，很喜欢听老师讲的故事，很爱思考老师提出的问题，喜欢表现自己。于是我就想，能不能在戏剧课上教他们怎么和别人打招呼呢？正有这个想法的时候，刚好看到一本绘本，书名是《和我玩好吗？》。根据这个故事，我设计了一个单元的教育戏剧教学。下面根据教育戏剧教学法的几个步骤和大家分享。

（一）游戏暖身

老师引导大家想象动物的动作，并且现场大家一起表演。

（1）老师在墙上贴出蚱蜢、青蛙、乌龟、松鼠、小鸟、兔子、蛇的图片，给同学两分钟的时间，让他们想一想这些动物平时都是怎么动的，一会儿老师请他们来表演这些动物。

（2）老师出示一个个动物的图片，请同学举手来表演动物，大家观看。

（3）老师根据表演同学的动作适当调整，大家一起模仿做表演同学教大家做的动作。

（二）开场白

老师：小朋友，你们出去玩过没有？

小朋友：老师，我去过公园。

老师，我去过动物园。

老师，我去过很远的地方。

老师：好，小朋友都出去玩过，现在我们要来讲一个故事。

（三）说故事

（1）建立故事符号：现在老师要讲一个故事，请小朋友仔细听。在讲故事之前，老师要告诉小朋友，一会儿老师戴上这个红帽子后，就变成故事里面的那个小女孩了。 老师把帽子取下来之后，老师就又变成老师了。

（2）和小朋友练习戴帽子这个符号，让孩子分清什么时候是老师，什么时候进入故事里成小女孩了。

（3）老师戴上帽子，进入故事：《和我玩好吗？》

太阳出来了，草上的露珠闪闪发亮。 我走到草原里玩。

有一只蚱蜢，停在叶子上，专心地吃着他的早餐。

"蚱蜢，和我玩好吗？"我正要伸手去抓，蚱蜢就跳开了。

有一只青蛙，跳到池边，停了下来。 我想，他一定是准备抓蚊子。

"青蛙，和我玩好吗？"我正要伸手去抓，青蛙就跳开了。

有一只乌龟，趴在圆木上，一动也不动，在晒太阳。

"乌龟，和我玩好吗？"我刚要伸手去摸，乌龟就钻到水里去了。

有一只松鼠，坐在橡树下面，用尖锐的牙齿，在咬果实。

"松鼠，和我玩好吗？"我一靠近，松鼠就爬到树顶上去了。

有一只鸟，飞到枝头，聒噪地叫个不停。

"鸟儿，和我玩好吗？"我一伸手，鸟儿就飞走了。

有一只兔子，坐在树荫下，一边动着鼻子闻来闻去，一边吃着小花。

"兔子，和我玩好吗？"我正要伸手去摸，兔子就跳到森林里了。

有一条蛇，穿过草堆，扭来扭去地爬了过来。

"小蛇，和我玩好吗？"我一说完，蛇就躲到洞里去了。

所有的动物，都不和我玩。 我好伤心，为什么他们都不和我玩？

（4）老师取下帽子，跳出故事，变成老师。

（四）讨论解决之道

老师引导孩子回答问题，从而更加熟悉故事。 墙上贴动物的图片做提示。

（1）我是去哪里玩的？　　　　　　　答案：草原。

（2）我最先看到一只什么？　　　　　答案：蚱蜢。

（3）我对他说什么了？　　　　答案：和我玩好吗？

（4）蚱蜢和我玩了吗？　　　　答案：没有。

（5）接下来我遇到了什么动物？　答案：乌龟。

（6）我对他说了什么？　　　　答案：和我玩好吗？

（7）乌龟和我玩没有？　　　　答案：没有。

（8）再下来我遇到了什么动物？　答案：松鼠。

（9）我对松鼠说了什么？　　　答案：和我玩好吗？

（10）松鼠和我玩了吗？　　　答案：没有。

（11）我又遇到了什么动物？　　答案：小鸟。

（12）我对小鸟说了什么？　　　答案：和我玩好吗？

（13）小鸟和我玩了吗？　　　答案：没有。

（14）后来我又遇到了什么动物？答案：兔子。

（15）我对兔子说了什么？　　　答案：和我玩好吗？

（16）兔子和我玩了吗？　　　答案：没有。

（17）最后我遇到了什么动物？　答案：蛇。

（18）我对蛇说了什么？　　　答案：和我玩好吗？

（19）蛇和我玩了没有？　　　答案：没有。

（五）请求帮忙

（1）老师重新戴上帽子，变成小女孩，很苦恼的样子。为什么所有的动物都不和我玩呢？

（2）老师取下帽子，变成老师，引导孩子：现在小女孩很伤心，为什么所有的动物都不和她玩？请小朋友帮这个小女孩想一想，为什么所有的动物都不和她玩？

（3）学生分组讨论，家长引导孩子讨论。老师在各组穿行，做一些适当的引导。

（4）分享答案：因为她去摸那些小动物；因为小动物很怕她；因为她不

知道怎么和小动物玩……

（5）那要怎么和小动物玩？　静静待在它旁边；不要吓到它；给它吃东西；多和它在一起；它们听不懂我们的话……

（六）再次进入戏剧世界

（1）按照刚才的分组，大家确定一个自己的角色，一起来表演应该怎样和动物玩，动物才能接受。

（2）再次确定进入戏剧世界的符号：戴帽子。

（3）确定表演开始的讯号：大家数 1、2、3 开始。

（4）分组练习要表演怎样和小动物玩，小动物才能接受。

（5）正式表演。

（七）讨论与分享

大家一起表演了这个故事之后，想一想，我们要怎么和其他小朋友玩呢？　老师引导学生思考。

（1）要和别人打招呼。

（2）要玩别人的东西的时候要给他说。

（3）把自己的东西给别人玩。

（4）要和别人握手。

（5）要等别人玩完了再玩。

……

通过这个故事，孩子慢慢开始要求自己的行为。　很希望他们真的能在想和别人玩的时候说一句：和我玩好吗？

备注：这个活动是分三次完成的，每次活动大约 40 分钟，家长陪同孩子参与整个活动。

以戏剧为目的的实践经验

一、从应用戏剧转向戏剧人生

戴玉敏

（一）生态导向课程对学生生涯的思考

向阳中心少年班是 14 岁到 16 岁的学生，他们在向阳中心经历了多年以生活适应为核心、生态导向课程的个别化教学，相关的独立生活适应能力已有很大的提高。 他们要面临的是从向阳中心毕业的问题，最令老师担心的是他们毕业后要过一种什么样的生活？ 他们在学校学习到的能力毕业后是否能应用得上？ 如果他们毕业后可以找到适合自己的工作，这是比较好的、理想的结果，但以现在江津社会环境所提供的就业市场，和向阳中心以前毕业学生的生活追踪结果来看，都是回到原生家庭生活，他们要找的合适的工作机会很少。 毕业后的生活景象是常常一个人在家，有很多的空白时间，终日空虚无聊，也很少或几乎没有朋友来往，他们的生活品质较低。 我们这么多年教育努力的成果，岂不是有点可惜？

这几年我们不断地反思，教给学生什么是对学生毕业后的生活最有用的？ 从学生刚踏出我们学校大门的那一天起，就要试图看到经过我们长达十年的培智教育后，他毕业、长大成人后最可能的、理想的生活景象。 所以，向阳中心针对每一位学生，在评估、制订学生的个别化教育计划（IEP）时，一定要考虑学生的学习生涯，以及描述学生未来的生活蓝图。 先为学生作长期的生涯规划，规划他未来（长大毕业后）要过什么样的、有品质的生活，依据这个生活目标，再来分析讨论我们提供什么样的教育及学习生活，是对他们最有用的。

在这几年的生态导向课程实践过程中，我们一直在探讨，什么样的生活才是学生们真正感兴趣而且是有意义的？ 我们不断尝试着探索各种学生将来可能会过的生态化的、生活品质较高的生活。 我们希望学生在这种生态的生活形态中，表现出环境需要的能力，并与生态导向的观念相统合，能提高学生生活品质。

2004 年 8 月，方老师、李老师与向阳中心全体老师共同讨论、共同描述学生未来的生活蓝图，希望学生在我们的教育辅导及支持帮助下，能过一种"以最少花费，过绿色的、健康的生活"。 依这个"生涯规划"，分析能过上这种生活，需要一个人具备的能力是什么。 生活自理的能力、家事技能的能力、社会生活的能力等，是学生必须学会的基础能力。 针对向阳中心少年班的这几位学生来讲，在这几年学习中已具备相应的生活技能，还需要补足哪些能力才能让他们毕业后的生活更独立自主？ 更充实丰富？ 更有品质？

在前几年向阳中心的生态导向课程实践经验基础上，我们认为学生应具备的最重要的能力是"自主管理能力"，包括：①审美艺术能力；②创造能力；③动手能力；④发现、选择能力；⑤计划执行能力；⑥解决问题能力；⑦模仿能力；⑧金钱管理能力；⑨自我照顾能力；⑩自我认识、自我觉知能力。

分析结果显示，要养成以上"自主管理能力"，学习历程为：①引起动机，提供相关体验；②查阅相关资料、吸收资讯；③计划；④执行；⑤欣赏、享受、分享成果；⑥自我评量；⑦解决问题。

针对学生的能力，分析学生要养成"自主管理能力"中各项能力的相关策略：

在语文、数学课上提供相关资讯（查书籍、上网查资料等），让学生了解与主题内容有关资讯，老师引导学生，将这些资讯转换到生活中应用，变成生活常识或生活中常用的语言。

下一单元主题内容的制订，尽量依上一主题内容及资讯，与学生一起讨论，这样就让学生把以前学习的经验与新的学习内容联结起来。

培养学生自主管理的能力，应该在每个单元主题的学习过程中都要练习到（贯通式教学）。 为了帮助学生能更好地练习到这些能力，把单元主题教材分析方式，由原来活动导向的教材分析方法，调整为自主管理能力的几大项度来做教材分析。 在这个单元主题之下，要练习到这些自主管理的能力，可以提供什么样的活动，或提供什么样的策略，帮助学生达成这个能力。

IEP 目标的执行与评量做了些调整。 老师依 IEP 会议叙写长期目标和部分短期目标，与单元主题有关的短期目标叙写，放在单元主题完成后，老师与学生一起讨论评价。 在这个单元主题中学会了什么，把学生学会的技能作为短期目标，再写入 IEP 中。

为了让学生能欣赏、享受、分享成果与自我评量，评量方式除了 IEP 评量外，用档案评量，记录学生平时的表现，如拍照、摄像等。 环境布置方面有学生个人档案柜——百宝箱、个人作品展示角、个人物品置物柜、班级工具柜及其他空间等。

单元时间弹性化，在功课表上安排的单元时间要充裕。 老师可依单元主题的活动内容、事件发展状况，决定什么时候开始，什么时候结束。

采取协同式教学，主教、助教协同，共同主持单元活动。 主教负责团体的活动发展，助教负责分组时，引导和协助学生讨论、做计划、学生动手操作执行、学生自我评量等。

单元主题活动过程分成三个阶段：第一阶段（第一周）为准备阶段，引导学生做计划，学习相关的语文、数学能力；第二阶段（第二周、第三周）为主题活动部分，挥洒生活与审美能力，计划、执行；第三阶段（第四周）为复习、巩固阶段，进行自我评量，自我修正，档案保存。

（二）戏剧人生的实践

在以前的生态课程模式中，建立过"鸣剑山庄"，开过"武林大会"，创办过"少年大学"，成立过"向阳超市"，组织过"清洁服务队"等。 这些生活模式及教学活动，学生是很有兴趣的，对学习相关能力是有帮助的，学生的生活及表现出来的气质有很大改变。 这些生活方式，比较接近学生的生活，是为学生创造的有些理想化、模拟化的生活。 在生态导向课程实践几年的过程中，我们仍在不断思考，也许还可能找到一种更适合学生的生活。2004 年 8 月的教学讨论，我们又为学生的生活蓝图做描绘，希望他过一种"以最少花费过绿色的、健康的生活"。

那什么是一种绿色的、健康的生活？

2004 年 7 月，方老师、李老师有计划地举办"教育戏剧教学在特殊教育的应用与实作工作坊"，全体老师都参加了培训。 洪祖玲、刘纯芬老师给我们带来戏剧教学法及剧场创作的生活，我们身临其境地体会剧场的魅力，给我们教学带来灵感，引发向阳中心的教学模式又一次革新。 我们想，是不是又找到一种学生可能过的生活方式？

2004 年 8 月下旬到 9 月初，等待向阳中心教室大装修完工的时期，我们聚在李老师家又开始思考讨论。 是否成立"向阳童剧团"？ 很快大家达成共识，可以试试。 由大班师生来组成"向阳童剧团"，过一种充实、丰富且精彩的"戏剧人生"。

我们开始描绘学生在"向阳童剧团"中"戏剧人生"的生活蓝图：他们平时作息要为自己的一日三餐、衣食住行、居家生活而忙碌、自我照顾，生活中有自己喜欢的、重要的事情要做。 还有一个身份是演员或戏剧工作者，也就是"向阳童剧团"的重要一员。 他们在老师或剧场专业人员的组织或支持下，负责剧团的管理工作及表演，具有一定的表演艺术能力，能演出几场精彩的戏剧，定期或不定期地举办社区公演，有自己的演出剧团，有欣赏自己的观众，能演几出精彩的戏剧节目，同时带动社区艺术、文化等。 这样，他们毕业后可以三五个学生和老师或社区义工组成社区小剧团。

我们希望"句阳童剧团"符合生态导向课程的理念，要做到社区的统合，要具有一定的社区影响，可以过一种能影响人的生活，让他们能进入社区活动，与社区统合。同时调动老师、学生、家长、社区的人共同参与戏剧表演活动，让人们用一种欣赏的眼光来看我们的学生表演。

在剧团中，全体成员共同参与剧务工作，要求大家在工作与生活中，学会过一种团队生活，遵守团队常规，并学会与他人配合表演及协同工作。戏剧表演过程是一环扣一环的活动，每句台词及动作都会与下一个台词及动作、下一位演员的出场有关。演员要学会记住自己及别人的出场方式、动作、台词及变化点。那学生在表演过程中，自然就学会注意观察别人的演出行为。参与剧务工作的舞监组、舞美组的后勤工作也是戏剧的重要部分，学生在剧务工作中，自然学会很多自主管理方面的技能。

剧团在每次排戏时都要做暖身、暖声活动。暖身、暖声活动让学生的肢体动作、身体表情、情绪与心理得以开发及练习，通过这个活动，保持身心健康。

学生在剧团生活中，除了排演、公演活动外，同时过着丰富业余的休闲生活，着重培养有关的生活休闲能力，特别是独立休闲能力，包括欣赏自己的演出剧照及录像等，日子过得充实、有意义。

我们在戏剧班时，洪老师带我们深刻地体会戏剧制作的全过程。剧场是很有魅力的地方，这里有观众欣赏的掌声，有自己演出的成果。当站在舞台演出时，是多么让人心情激动。我们相信，在老师的带领下，学生也会被戏剧魅力所吸引，他们也会很喜欢戏剧。他们会得到观众欣赏的掌声，看到自己的表演成果。这样学生参与学习的动机自然就被调动起来了。

（三）分析讨论设计阶段：剧本创作及活动设计

1.戏剧人生的三题目标

我们对"戏剧人生"做了很多描述，希望学生在戏剧人生的主题中，有充实、丰富、快乐的感受，同时让学生相关的技能得以提升。所以"戏剧人生"也承载"与时俱进"的"人生"目标。依据学生的学习特点，向阳童剧团功能和江津社区环境，我们讨论了很多关于"戏剧人生"的"人生"目标，最后整理成为以下几个目标：

（1）能通过戏剧体验人生。希望学生在戏剧表演及剧场工作中，能学习到更多的生活经验。如演出各种生活类型的戏剧，学生可以扮演不同的角色、职业，并为了获取相关的信息，到相关的真实生活环境中体会生活。学生通过表演，可体会人生的酸、甜、苦、辣等。

（2）能通过戏剧理解自己及别人。戏剧是以扮演他人的演出为主，学生通过观察、访谈或亲身体会所扮演的人，了解别人的穿着打扮、爱好、行为动作、职业地位，还有心情、表情、感受，以及读懂别人的表情及需求，听得懂他人的指示及要求等。同时对自己的身体动作、脸部表情、语言声音、情绪、行为要掌控好，才能去扮演别人。

（3）能按部就班地与人配合。也就是遵守戏剧表演、剧场工作的规则。戏剧演出是一环紧扣一环的，演出到什么地方，应该有什么样的动作、台词来配合，学生在其中学会团队配合的能力，同时剧务后场工作，也让学生学习到怎么为团队做相应的准备服务。

（4）能娱乐社区，造福社区。我们希望能到社区中公演，并能起到社区文化倡导作用。同时我们希望通过演出一些写实剧本，能反映学生及家庭在真实生活中碰到的问题，让社会来关注了解我们这一群体的生活。

（5）能丰富休闲生活，打发休闲时间，让他们学习到休闲的技能。看电影、看自己演出的戏剧及欣赏剧照，将表演中的相关暖身活动、跳舞、唱歌、台词对白等应用到生活中，丰富休闲活动。

（6）能拥有健康人生。希望能通过相关的暖身、暖声活动，以及表演的成就感，让他们身心健康。

2.安排功课表

剧场工作的时间有弹性，每天的排演时间一般需要两小时左右，在分析讨论功课表时，要考虑给戏剧排演课较多的时间。"戏剧人生"功课表调整，就是为戏剧课安排充裕的时间。

每学期学生在变化，依据学生的 IEP 目标，及各班级学生课程规划，在分析讨论功课表时会做相应的调整。一般给戏剧课安排一到两个小时（或半天）。

向阳童剧团的最初成员是从少年班（一班和二班）选出常规较好的八位学生，一学期后少年班全体学生（12 位）都进入童剧团。因年纪相近，其课程重点差不多，以工作、生活、休闲为主（本期以戏剧、家居生活为主）。依据"戏剧人生"生活蓝图："他们平时作息要为自己的一日三餐、衣食住行、居家生活而忙碌、自我照顾，生活中有件自己喜欢的、重要的事情要做，还有一个身份是：演员或戏剧工作者，也就是'向阳童剧团'的重要一员。"我们针对一班要毕业的学生，上午半天是家政活动，一早到学校家政活动室，计划中午的午餐，练习买菜、做饭、做家务等，为午餐忙碌，下午半天是到向阳小剧场排戏，也可以一周内有一天是这样的生活。对于二班的学生，在没排戏时，多学习相关的生活技能、学科基础技能等。

当学生成长毕业，进入青年部，作为童剧团的一员，定期的剧场活动与戏剧演出，专业的追求，就可以成为他生活中重要的一部分，更是他们与社区居民连结的一道桥梁。

3.编写剧本大纲

一个学期要演出几出戏？戏剧的故事内容、思想导向是什么？什么时候公演等相关事项，我们会在每学期期末的下学期教学讨论时，讨论出初步构想，并暂订出剧目的演出顺序及公演的时间规划。

剧本故事的来源，可以由学生的 IEP 中产生；或由电影故事、戏剧故事中产生；或由语文课文或故事本中产生；或由学生感兴趣的话题中产生；或由发生在学生及家长教师身边的故事中产生；或由节气、节日或传说故事中产生。每位老师都自由地构想出相关的故事话题，我们再讨论定案，选出有思想性的、主题积极向善的、引发人思考的故事话题，作为下学期要演出的剧本故事。

　　针对选出来的剧本故事，老师们讨论出相关的故事中心思想，以及一些重要的故事情节，学生能演出的部分，最后讨论定出剧本故事发展方向，形成故事大纲。 然后由主持导演的老师编写成具体的剧本内容及台词。

　　4.剧场活动分析

　　为了培养学生自主管理的能力，要求在每个单元主题的学习过程中都要练习。 我们经过讨论，把单元主题教材分析方式，由原来活动导向的教材分析方法，调整为自主管理能力的几大项度来做教材分析。 我们先总结分析"戏剧人生"的剧团生活中，学生需要什么能力，再分析这个戏剧主题中要练习这些能力，可以提供什么样的活动，或提供什么样的策略帮助学生达成这些能力。 一共需要八大能力：

　　（1）丰富休闲生活能力。 分析在此出戏剧表演工作中，学生能学习什么样的休闲活动，如唱歌、跳舞、看录像、剧照、画画等。

　　（2）生活独立能力。 分析在此出戏中，可以增强学生哪些生活独立能力，如吃、穿、打扮、清洁、整理、管理能力等，同时要分析学生有兴趣参与的活动。

　　（3）财务管理能力（数学）。 分析在数的方面的应用，学生可能参与的活动，如金钱管理、买道具、道具清单及管理、票务管理、演员出席表等，学生具体做什么（一般是数学或资讯课要学习的内容）。

　　（4）健康生活能力。 分析可进行哪些暖身活动，提高身心的健康，如肢体动作的展开、呼吸及发声练习、与剧情有关的动作暖身等。

　　（5）资讯管理能力（语文）。 分析如何背与剧本有关的台词（字、词、句）及在生活中的应用，对自己角色的认识及了解，有关剧本中的人物、事件了解，能阅读剧本等，用什么方式来获取到资讯：上网、看视频、看示范、到社区参观、人物采访……

　　（6）计划、执行、评价能力。 分析如何引导学生计划自己演出的角色，在剧组担任工作，在每次排戏前准备工作，以及看自己排演录像来讨论自己的演出行为等。

（7）创作审美艺术能力。　分析学生能参与或是欣赏什么活动，如道具设计与制作、服装设计、动作设计、音乐设计、歌曲设计、舞蹈设计方面的活动，提高艺术审美能力，并能在生活中应用。（一般是在美术或音乐活动中要学习的内容。）

（8）社区互动能力。　分析此出戏的演出，最大程度与社区互动活动是什么，也就是会演给哪些观众看，如家长、邻居、有关单位、来宾、领导等。演出场地可能会去什么地方公演？　请哪些人来看？（一般是剧务或社区活动内容。）

这八个能力项度，是我们根据自主管理能力分析出来的，然后每一个戏剧单元教材分析，都是按照这八个能力项度来分析学生可以参与的活动。　这些能力有的是在戏剧表演过程中能练习到，有的能力还需要在别的科目中再进一步学习，这样相关科目的配合也讨论出来了。

5.相关科目的内容分析

在"戏剧人生"戏剧主题中，相关科目也要配合戏剧表演。　各个科目除了有它本身的学习目标、任务、功能外，尽量与表演主题配合。　在戏剧主题教材分析完后，再分析相关科目如何配合戏剧表演，以及相关的策略。　如：

语数能力：分析语文资讯，要学习对剧本故事的了解、角色的了解，自己演出角色的了解，背台词，表演动作、表情的认识及生活中的应用（字、词、句的应用等）。

数学资讯：分析数学资讯活动内容，如道具清单，每样道具的件数，大小，在剧场的位置等，排观众席的序号等。

暖身活动：分析可进行哪些暖身活动，提高身心的健康，如肢体动作的展开、呼吸及发声练习、与剧情有关的动作暖身等。

兴趣活动（美术、音乐、茶叙课）：分析在这出戏剧表演工作中，学生能学习什么样的休闲活动，如唱歌、跳舞、看录像、拍剧照、画画等。

剧务会（班会）的内容：讨论剧团会务，剧组人员的工作内容与检讨，以及表演计划等。

相关的例行活动：分析社团活动中的广播站、板报社、家政组、购买组等的配合活动，如广告、海报宣传等。

6.戏剧制作流程的构想

分析有关的戏剧制作的教学流程，依照养成自主管理能力的步骤，同时配合戏剧制作的过程来构想相关活动。

1）引起动机

如何引起动机、引出表演的愿望等。 例如，圣诞节公演，毕业公演，到重庆公演，或演出的票务收入要去什么地方玩，或看与剧本有关的视频，或是听有关的传说，或到相关的场所，或是有这个剧本，老师先演给学生看，或是组织学生去将要演出的人物的单位参观等。 然后问大家对这出剧的感受和想不想演出等相关话题。

2）查阅资料做计划

（1）如何让学生了解剧本：对剧本故事内容大意的了解，剧本中发生了什么事，什么样的人，在做什么，可以查相关的资料，看杂志或看视频，或上网了解。

（2）如何让学生了解剧中角色，并自我决定应选哪一个角色。 自己演出的角色计划，以及在剧场担任的工作，如舞台监督、舞美工作、导演助理等。

（3）演出本出戏的时间规划：带领学生计划公演日期及排演日程。

3）执行练习阶段

（1）排演：排演阶段又分很多小活动，一般在剧本写出来后，主持导演的老师再安排排演、演出计划细节。 如何排演，如何暖身活动，背台词，做演出记录。

（2）道具制作，制票，场地准备。

（3）如何让学生参与排演技术的准备过程：道具，服装，化妆，布景，灯光。

（4）技排。 加入灯光、背景、道具、化妆等。

4）评估、自我评估

分析如何让学生自我评价、自我反省及改正。

（1）彩排。

（2）保存剧照、录像资料。 让学生看录像来分析自己的演出成果及要改进的地方。

5）解决问题

就是一出戏的完整呈现。 一个完整的戏剧作品，可以正式演出，同时解决本出戏剧作品的演出问题。

首演：第一次正式演出，一般是一个戏剧单元的结束，会选在星期五的下午，会请家长及社区中的人来观看。

公演：正式的演出，有正式的观众。 一般一出戏要公演好多场，还会和另外几出戏合起来正式公演，同时分析讨论公演的时间及规划。

7.相关的教学策略

分析讨论相关的教学策略，包括如何引起动机：引导计划、引导执行及相关的提示策略、剧本的设计、暖身活动的设计等。（见《奇迹》《姐姐的婚礼》教材分析的相关策略。）

分析剧本设计方法相关的策略，包括学生个人专用的剧本。 怎么让学生能了解故事内容、角色、台词及动作。 例如，在剧本上画图，把学生要说的台词用彩色笔圈出来，将剧本制作成故事绘本，画故事发展关系图等。

分析暖身活动相关策略，怎样帮助演员们很快地进入戏剧角色，可以提供什么暖身活动。

分析引导学生讨论计划执行相关的策略：如何引导学生计划演出的时间，让学生了解整个排演进程。

分析如何引导学生对自己角色的了解，对剧情的了解。

分析学生如何担任剧场的部分工作，讨论出相关的策略。

分析与该剧有关的布景图、道具制作、灯光的效果，以及教室生活空间区域规划（如演员休息室、更衣室）等。

此外，还可以讨论预定本出戏中的演员角色（包括业余演员）。 讨论有关票务方面相关的公演事情，邀请相关单位及嘉宾等。

以上教学讨论的内容，经老师记录并整理，再加以设计，可形成"戏剧人生"的教案。

（四）教师写剧本

等到教材内容及相关策略讨论完后，主持导演这出戏的老师开始写剧本，可以写好一个完整的剧本（不过这是暂时的，在学生表演时还可能再改变，要考虑到学生能胜任角色中的台词及动作能力等）；也可以写一个完整的故事大纲，让学生在排演过程中即兴发挥，把即兴发挥的内容记录、整理、调整成为演出的剧本（也就是说让演员来发展剧情、剧本）。

老师写剧本的方法：依故事大纲中的故事情节编写剧本，同时考虑学生的表演能力、语言能力、动作能力、团体常规的能力等。 需要事先把学生扮演的角色分配好，先内定演员与角色，以便于依据演员（学生）的能力来写剧本（角色的表演内容）。 如果有些复杂的角色学生无法胜任，可让教师及家长来扮演。 每一个剧本的编写内容，都是为童剧团的学生量身定做的，尽量不失剧本故事精彩内容，考虑学生的 IEP 目标，每个学生要说的台词及表现，尽量能练习到 IEP 中的目标。 同时也考虑到向阳中心现有的可以参与表演的教师及家长的特性（因为老师与家长都不会演戏）。

（五）戏剧实作过程

我们基本上是按照一般剧场工作的流程来安排的。 但我们没有做到这么复杂，把剧场工作简化，应用较多的辅助策略，尽量做到让学生能参与及管理等。 有些部分是专门让学生来设计、讨论、制作，较多的工作一般是由老师来做的。 主持导演的老师负责整个剧情的排演及剧本的形成，助教老师就要担任除导演工作以外的事情，如舞台监督工作、道具管理、舞美设计。 同时又要担任角色，辅导学生演员的演出。

1.引起动机

即引出剧本及演出任务。

2004 年 7 月，戏剧班"向阳童剧宴"公演时，有一场是专为学生及家长的演出。学生们在暑假时就看了戏剧，看了精彩的演出，这为 9 月开学成立向阳童剧团埋下伏笔。所以成立向阳童剧团时，师生又共同欣赏"向阳童剧宴"演出的三出戏，开始对三场戏进行讨论。老师特别引导学生去看《老柴、老婆与老虎》。同学们对老虎很感兴趣，于是就引出再演出一场关于老虎的戏，几位明白的同学马上表示赞同，这样我们向阳童剧团就成立了。刚开始，他们还不知道剧团是什么意思，在第一出戏《老虎吃月亮》中，所有的剧团工作由老师来做，学生们先以新演员的身份适应剧团的生活。

在后来的几出戏中，为引起学生动机，我们用到以下几种方法。

（1）看视频。如果我们要演出的戏剧剧目是从电影故事、动画片、电视剧等改编成舞台剧，我们会让学生先看相关的视频。这样可以让学生很直观地了解故事及人物特点、服装打扮、台词动作等，还能按自己的观点去评价，自己喜欢谁，想扮演谁等。如猴子偷帽子，就让学生看动画片《过猴山》，让演员们了解，这个故事中发生了什么事，卖帽子的老头在做什么，猴子是怎么偷到帽子的。老师和学生共同看过之后，在排这出戏时，学生很快就进入角色及表演情境。又如《老鼠嫁女》，也是让学生看了在 2005 年 7 月戏剧班老师演出的原版《老鼠嫁女》录像，反复看了两遍，导演老师慢放一遍，把每次出现一个角色与角色名称（字卡）对应起来，帮助学生认识角色，同时把原剧的歌《大花轿》合唱一遍，各位演员好像一下就进入到该出戏的演出中。

（2）出示图片。一般有这种现成的剧本故事改编的剧本，让学生来看原版影片是很好的方法。不过很多时候，我们要演出的戏剧不太容易找到相关影片。我们就制作了关于故事的绘本，用好几幅连续的画及语言介绍剧情。有时候，我们演出的故事本身，就是故事绘本上的内容，那是最好的。因为很多剧本是根据我们剧团及学生的 IEP 来定演出的剧目，也是很难找到相应的绘本。我们会用 UI（User Interface）设计程序来制作这个绘本，如《奇迹》最先的想法是租成龙与梅艳芳演出的原版的《奇迹》，但没租到，老师就用 UI 设计制作了奇迹的故事绘本，还让学生参与一部分，看画面创作剧本台词，学生很感兴趣。《老虎吃月亮》引出剧本的动机是，让学生看有关馒头山的画，有一只老虎，有月亮，月亮很圆，让学生猜月亮像什么，引导学生说出像大饼后，再引出图画故事：老虎饿了，想吃大饼，看到月亮，以为是大饼，要吃，嫦娥仙子与她的朋友们帮忙想一种好方法来制止老虎。通过这种方法，直观地把故事大纲告知演员，也充分展示了剧本有很大的吸引力。

（3）生活体验。生活体验是引出演出剧目的一个好方法。我们常带学生到社区中活动，为了戏剧表演的需要，我们又会特意安排些社区活动，让学生去体会一下将要演出角色的生活。排演《糊涂医生俏护士》时，正好是学生每年一度到医院体检的时期，安排学生到医院体检，就被利用作为该剧的引起动机活动，学生们当然想当医生护士了。

（4）接受演出任务。在《猴子偷帽子》两周后，江津市与重庆市残联到向阳中心来看演出，准备选节目去重庆表演，我们就与他们协商好，到时下达一个演出任务让学生去接，大家都很高兴要去重庆表演。我们后来就把《猴子偷帽子》更名为《爱的真谛》。

（5）剧本。剧团到了成熟期，有些戏没有特别准备引起动机的活动，就让学生在一起讨论或欣赏刚演出的戏剧剧照或录像。为完成演出任务，向阳童剧团马上就要演出新的剧了，这时导演老师就把剧本发给各位演员，引导演员们读剧本，厘清故事大纲及相关的重要角色等。

2.查阅资料做计划

先读剧，然后甄选演员，最后做计划。

1）读剧

读剧是学生作为演员很难的一件事，因为他们大多对阅读文字有困难，背诵也难，我们曾想过剧本以画图的方式展现。但一出戏的演出内容太多，不可能每句台词都能找到相关的图片，只有几个认图片的学生的剧本贴上几幅图。 读剧程序是：先小组学习剧本，由助教老师分组带学生把剧本内容学习一下，如角色、内定演员背的台词等，引导学生在读剧时要读的角色等。然后团体再读剧，在团队中，让全体人员来认自己要读的角色。 一般第一次读剧大部分角色都是教师来读，我们在戏剧讨论时就内定好学生演出的角色。 这时有些角色分给学生读，但需要协助，让学生仿说一遍。 主要让学生感受一下剧本的内容及情节。（等演员名单确定后，由分管各组的老师负责辅导练习。）

读完剧本，导演老师会带各位演员把剧本里的角色再认识一遍，有什么角色，角色间的关系等。 导演老师依据排演一出戏的惯例，发甄选演员报名表、工作人员应征表。 然后分组去做自己的角色计划及查阅相关资料。 查阅资料主要是对剧本及角色的了解。

一是故事大纲的了解。 如光靠读剧，学生还是不太了解故事大纲的，分组时老师会再现一次相关戏剧读本或绘本，可能是视频片段或上网查的相关资料，或画故事发展关系图。 如在《姐姐的婚礼中》要让学生明白故事大纲，有组老师就用文字和图画画了整个故事的关系图，再反复向学生提问：谁结婚？ 谁想去？ 为什么伤心？ 老师和同学为阿俊准备了什么？ ……

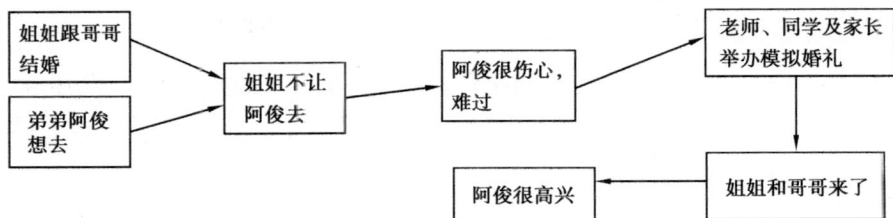

二是人物了解。 分组的老师引导学生填写应征演员的报名表，要让学生对自己想要演出的角色有大致了解，如身份、打扮、生活状况等。 如他填要演医生，就得去了解医生穿什么，身上佩戴什么东西，常说什么话。 如他填要演鼠爸，就得了解鼠爸这个角色的身份及生活状况等。 这只是大概的了解，便于在演员面试时的表演，具体了解要等到演员名单确定后再引导学生完成。

三是我要应征什么角色。填写演员报名表及工作人员表。同时确定在应征演员面试时要表演的角色及动作、台词等。一般情况下，老师会让学生选两个角色来面试，分组老师要引导学生在选择角色时，至少要勾选"内定好的角色"，因为在写剧本时已经考虑到学生的个别能力了。有时我们会把征选演员报名表作为家庭作业，让家长参与为自己的孩子选一个角色。

四是练习。为了下一场在应征演员面试时表现好，分组老师还要教学生背相关的台词，认得关键字等。也可以让演员自己创作面试台词、动作、表情等。同时还练习几次，找一些能辅助自己表演的道具，可以协商要协同表演的人员等。

2）甄选演员

甄选演员程序：应征剧场工作人员并公布，安排面试的过程并公布，剧场暖身、暖声活动，简单的场地布置，正式面试，定演员名单并公布。

决定剧场工作人员：先收剧场工作人员表及演员报名表。一般是交给导演老师，导演老师会依学生填的分组：道具组、舞台监督组、舞美组、导演组，每一组安排辅导老师，然后贴在公布墙上。参与导演组成员有两个很好的人选，阿涵和阿骁。这两位学生的认知能力较好，能理解剧情、能出谋划策，特别是阿骁同学，很有导演的风格。只要台上演员的排演或道具出了差错，就会伸舌头或发出声音来提示，他也很乐意当导演助理。导演老师找导演组的同学讨论有关面试甄选演员的事情，写一个很简单的工作表及准备分工表，还有演员面试顺序等。一般会利用早上做计划的时间来讨论，到戏剧课时就能充分准备了。

暖身、暖声活动：除了基本的暖身、暖声活动内容外，老师会引导学生对将要面试的角色的动作、语言、声音进行模仿，由这位同学创作出来，大家跟着模仿，或是同一角色由不同人创作出不同的动作来模仿学习等。

场地布置：导演组交给舞台监督组，让他们去准备。一般是在剧场分出场地区域，有演员等待席、评委席、舞台。

演员面试：演员依顺序一位一位上台面试，评委在每位演员的报名表上圈出表现最好的一个角色。 演员上台，先报：我现在扮演×××，不会讲话的就举一举字卡，然后开始表演，表演完了要行礼才下场。

决定演员：面试完了中场休息，这时导演组就开会确定角色，虽然我们在这之前有内定角色，但这时依演员的表现极有可能更改，导演有这个决定权。

公布：导演老师将演员名单公布出来，让各位演员确定自己要演的角色。 同时也允许演员再次选择自己最想演的角色，让导演调整。 其实当时我们没有想到这个程序，因为学生要演什么角色基本上是被内定好了的，我们的计划也是引导学生往这个角色发展。 但也有演员不服气的时候，如当《老虎吃月亮》的演员表一公布，阿明想演老虎没演成，而是阿宇演，阿明不停地缠着导演老师说我要演老虎，老师认为他不能演，他仍不放弃。 导演老师最后让他作为候补演员与阿宇同演老虎一角，同时劝阿明再演树精一角，他才高兴了。

3）做计划：先团体讨论，再分组讨论

演员公布后，导演老师就会带剧组全体成员开剧务会，讨论出公演时间及相关计划。 团体讨论为公演及排演的时间规划：公演时间一般都是老师定好的，但在团体讨论时会引导学生计划什么时候公演较好，请哪些人来看，以及相关演出经费的处理等。 为了这出戏能如期公演，老师会再引导学生安排一下排演及技排、彩排的时间，然后将计划贴在公布墙上，并将日历贴上，或做倒计时记录等，如《姐姐的婚礼》剧组的剧场流程（配图片、贴日历等）。

团体讨论只要10分钟，就开始进入分组讨论计划及人员分工，设计相关表格。 分组讨论时间要长些，约30分钟，要让学生很明确地知道自己的工作职责。

分组讨论：舞台监督组、道具组、舞美组、导演组。

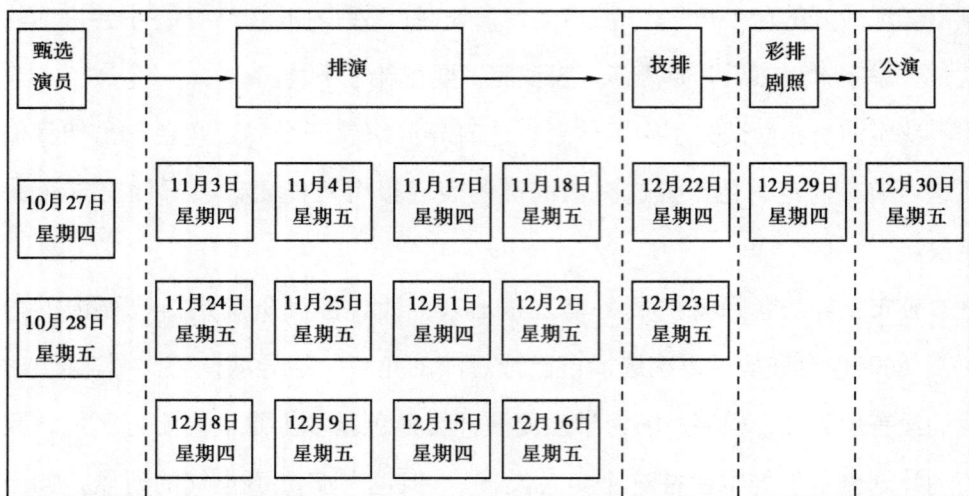

甄选演员	排演				技排	彩排剧照	公演
10月27日 星期四	11月3日 星期四	11月4日 星期五	11月17日 星期四	11月18日 星期五	12月22日 星期四	12月29日 星期四	12月30日 星期五
10月28日 星期五	11月24日 星期五	11月25日 星期五	12月1日 星期四	12月2日 星期五	12月23日 星期五		
	12月8日 星期四	12月9日 星期五	12月15日 星期四	12月16日 星期五			

　　舞台监督组主要负责：演员考勤表，大道具摆放，舞台协同工作人员等。 同时又要选出组长、每项工作的负责人。 老师带学生制作考勤表、剧场简图、大道具清单、工作人员名单及分工表等相关表格，填写相关内容。 这些表格及内容都是暂时的，极有可能在后面的排演进程中改变。 现在在向阳小剧场里，这些工作一般由老师带学生来管理，学生也会依能力分担相关的管理工作，如演员考勤表记录、大道具记录等。

　　道具组主要负责：小道具清点、摆放、收拾和管理。 制作小道具清单及小道具分类篮等。 老师会将参与演出的演员名字贴在篮子上，在排戏过程中，将演出的道具依演员名字分篮，便于管理。 同时制作小道具清单空白表格，在这一部分也会在以后的排戏过程改变很多。

　　舞美组主要负责：服装、化妆、道具制作。 很大部分的道具由老师制作，学生只是参与小部分道具的制作，如创意、着色、记录、管理等。

　　导演组主要负责：就剧本来分析，可以分成几场戏来排演，重头戏在什么部分，这场戏要用的音乐、灯光及计划排演过程。 在向阳童剧团里，导演组一般只有两个成员，一位是导演老师，一位是阿骁助导。 一般情况下，导演老师说出自己的构想，让助导分析并提意见，然后分工，导演老师负责导演这出戏，助导负责监督演员的演出。

　　如《姐姐的婚礼》剧本的各组工作：

导演组	负责人	工作职责
导演	梁英	导戏、记录
导演助理	阿骁	监督

舞监组	负责人	工作职责
组长	戴玉敏	管理、记录
组员	阿明	考勤、清点演员、清点大道具、搬大道具
组员	阿伟	舞台大道具定位、搬大道具
组员	阿鹏	搬大道具

道具组	负责人	工作职责
组长	珍珍	管理、记录
组员	白兰	清点小道具、搬小道具到舞台
组员	杨芳	清点小道具、搬小道具到舞台
组员	佳佳	搬小道具舞台

舞美组	负责人	工作职责
组长	阿宇	管理、记录
组员	杨津晶	道具设计制作、服装管理
组员	忌思	清点小道具、搬小道具到舞台
组员	阿涵	道具设计制作

3.执行练习

这个阶段分为排演期，以及技排和灯光制作期。

排演期在整个戏剧过程中很重要。 因我们剧组的演员大部分是学生，不能完全像专业剧场一样完成排演，我们尽量将排演过程简单化，让学生容易了解演出的任务，达到剧本的要求，学习到相关剧场工作的能力，并同时又能心情舒畅、身心健康。 在排演期，我们每天的工作时间为 2 小时左右，工作流程如下所述。

1）排戏准备

准备剧本及记事本。 各个演员准备好后到剧场坐好等，可先看剧本。 这就要求每个演员要保管好自己的剧本和记事本。

点名。 由舞监组的人员来点名考勤，统计演员的出席状况，没有到位的要及时向导演说明，基本上每一出戏都会有别的班级老师、家长或义工演出。 考勤人员要到教室各地去找，通知排戏了，缺席名单交给导演，让导演好找临时替补演员。 这个点名工作，让他们知道剧场工作要准时出席，同时了解是谁演出什么角色。

如考勤表：

演员	演出	日期			
姓名	角色	12月1日 星期四	12月2日 星期五	12月8日 星期四	12月9日 星期五
阿宇	阿俊	√	√	√	√
阿伟	阿泽	√	√	×何T补	√
戴玉敏	江老师	√	√	√	×杨T补

2）开会讨论有关的排演事情（10分钟）

舞监组将考勤结果报告给导演，导演助理就宣布今天的剧场工作现在开始。 先会复习一下总的计划表，今天的工作是什么？ 排什么戏？ 再针对上次演出提建议、表扬评价，如表演时的表情，谁的走位不对等。

对各组的工作要求，如要增加道具等。 讲一讲剧场的常规要求，如安静、听导演的安排，不能随便就离开剧场等。 演员们会做简单的笔记，助教老师会协助学生完成。

3）暖身、暖声活动（30分钟）

（1）肢体动作的暖身、暖声。 肢体暖身是从头部到脚的肢体运动，全身的大动作，身体各关节的舒展、打开等。 将暖身活动编成暖身操，如太极导引、健身操、小跑步等，有时也让学生带大家做。 暖声活动是练习深呼吸及发音，吸气时，吸到腹部；呼气时，吐出最后一口气，配合数数来帮助他们吸和呼保持更久的时间，然后是单独发音 i、u、ü，组合发音如 a、c、e 及 ba、bi、bo 等。

（2）有关剧本的暖身、暖声活动。 为了能让学生很快地进入到排戏状态，帮助学生了解人物的个性，老师会带学生练习跟剧情有关的暖身、暖声活动。 老师会出一个跟剧情有关的主题，让学生去创作声音及动作，然后大家去模仿几遍，或唱跟剧情有关的歌，大声地说出自己的台词、跳舞等，然后让大家来模仿。 如《老虎吃月亮》的暖身活动有：一个人饿了是什么样子，把自己当成树是什么样子，如何挡住要冲过来的人，嫦娥仙子怎么跳舞，小兔怎么跳等。《奇迹》的暖身活动有：怎样卖菜，怎样卖报纸，市长怎么走路，银行行长怎么走路，练习跳华尔兹舞等。《姐姐的婚礼》的暖身活动有：伤心怎么表现？ 高兴怎么表现？ 男女怎么手挽手很有礼仪地走等。 这些暖身、暖声活动很能帮助学生了解人物的个性。

在暖身活动中，我常芎学生玩一个动作定格的游戏，先让学生发展出一系列的动作，老师喊停时，演员们马上要动作定格。 这个练习很好玩，刚开始的时候，大家都不太知道什么叫定格及姿势动作的维持等，老师一喊停，大家马上立正站好，练习很多次，包括照相定格。 现在，大家明白后，很多有趣的造型就出来了。（《姐姐的婚礼》）

有时，我们也会让演员对着镜子练习各种表情。 学生在自然的情境中，什么表情都很自然与丰富。 但不在这种情境中，他们就不能表现出来，还不太能对自己的表情控制自如。 比如要表现很伤心，他们把嘴嘟着，但嘴角还挂着笑，看着镜子就能帮助他们做好各种表情。

4）读剧（5 分钟）

（1）分角色：老师在各位演员的剧本首页，写上要学生演出的角色，确定自己的角色是什么，再让演员们在剧本内容中找出自己的角色名字，然后给自己角色的台词做特别的记号。 如用彩色笔勾画出来，或是画图，同时将前一句台词配合做好记号。 老师还会把学生要演出的角色台词单独做一个剧本，让学生专门练习。

（2）背自己的台词：一般在小组语文或数学教学活动中，或是在晨间活动以及放学时教学生背台词，一般会加上手势动作辅助学生练习。 他们先是认相关的字或图及句子，再配合手势来仿说台词，等学生仿说较为流利时，老师就会改成手势提示，最后是学生自己背出台词。

特别是大段的台词，每一句话都尽量加入手势提示，更能帮助学生背台词。 如在《老鼠嫁女儿》剧中，思思扮演猫这个角色就有长段的台词，老师将每句台词都给一个相应的手势来辅助，演出时她看老师在台下的几个简单手势，就独立说出长台词了。

（3）团体读剧本：这是每天排戏时要进行的活动，只是学生演员很多时候需要助教老师提示，主要让他们了解演出的内容。

5）剧场布置（5分钟）

这时舞台监督组、道具组、舞美组、导演组的成员，各司其职地完成场地布置工作。 这正好是学生学习很多技能的时候，如在搬动大道具时就要学习两人协同使力搬，一个人搬时的手力及准确找到记号点，小道具的位置及配的角色等。

有时还需要服装准备及自我管理等。 每位演员要把自己第一场服装穿好，第二场服装放到后台，我们演出的好多戏，中间都是要换服装的，如《奇迹》和《姐姐的婚礼》。

6）排剧（60分钟）

（1）让演员自己先自由地表现，也可以由导演先预定好演出的内容。

（2）舞台走位。 从什么位置走到什么位置，什么时候在什么位置，等导演确定好后，就让演员画自己的路线图，记录自己的走位路线。 演员舞台位置可做标记，辅助演员每次都走到这个位置。

（3）加入台词、表情。 我们在写剧本时，就要考虑学生的语言能力，希望在舞台上尽量展示学生的语言能力，设计的台词尽量是他们能表达的。 能力好的几个学生练习多次后，就能学会，但要他们很精准地说出台词，有时比较困难。 如果学兰还是没办法说出台词，或是说不清楚，为了剧情的需要，就可能改变一下演出内容，或加入某种道具或手势等，或者就让语言清楚的演员（如老师）再巧妙地重复一下台词让观众明白。 我们剧团还常发生台词方面的趣事，如思思的背诵能力较好，她最喜欢背别人的台词。 在《奇迹》中，她喜欢上老大（龚老师饰）的"喂！ 小周吗？"这句台词，她一看到龚老师就背这句台词与他打招呼。 阿鹏平时很会背一两句台词，但一上台，该自己说的台词怎么也不说，他最关心别人有没有说，一排戏就很专心，变化点记得好，如果这个演员还没反应过来，他是等不及的，马上大声地先把台词帮他说了，弄得大家笑场。

（4）精熟练习，变化点的强化。 让演员多排演，直到熟练为止。

——练习走位的精准。

——练习台词的精准。

——练习节奏的变化精准。

（5）要有候补演员参与排练，虽然我们剧团要求各位演员要准时出席，但他们还是因身体原因或是其他原因要请假，不能参加排演或后面的彩排、公演等。

7）相关道具的制作及调整

每天排演完成后，各组负责人召集组员讨论相关事情，回忆今天排戏时调整的内容，做记录或补充，再分工去准备完成。 一般我们会引导学生以列表方式来管理道具。 如《姐姐的婚礼》的部分道具清单。（注：这里大、小道具分工管理方法，是把较多种道具分成几部分、小数量，便于学生管理，不是按正规剧场的剧务分工的。）

舞监组:大道具清单		
道具	数量	负责人
桌子(+图片)	4 张	阿鹏
椅子(+图片)	7 张	阿明
画架(+图片)	1 个	阿伟
画板(+图片)	1 个	阿伟

道具组:小道具清单		
道具	数量	负责人
剪花(+图片)	1篮	珍珍
水彩笔(+图片)	1盒	珍珍
围巾(毛线针)(+图片)	1条	珍珍
书包(+图片)	7个	佳佳

8）再次读剧（5分钟）

这让学生能明白剧本台词，在排演完后，再让演员们聚在一起把刚才排演的剧本内容读读，这样读剧的效果就出来了，演员们很快就把台词接上了。

9）场地收拾（5分钟）

也是各组各司其职地完成收拾工作，老师负责监督幕与灯光、音乐等。

技排、灯光制作期的安排如下所述：

整出戏排演较为熟悉后，就开始技排。技排的时间会安排两天到四天。技排期是在幕、灯光、音乐、走位、道具、转换等加入进来后的排练。可以依需要来安排有关换景、换装等协助人员，以及幕后准备相关事情等。

这过程中，学生适应灯光是很重要的。当灯光打出来光线很强，演员可能会睁不开眼睛，或者会躲到光线后面，舞台走位就变了，要多练习。

同时让学生练习在后台准备演出时，要安静地等，不能发出声音，说话要小声，不能让观众席听到。让演员们精熟地练习演出内容，为首演、公演做准备。

4.评估、自我评估

彩排一般会安排两天，如正式演出一样。演员们全部整装上阵，道具、服装、化妆等全都如正式演出一样。同时照剧照、录像，然后把剧照按剧情顺序贴出来，做宣传海报和档案保存。

把录像给学生看，让学生分析讨论演出的作品。

录像讨论：看录像是我们常用的一个辅导演员们表演技巧精进的策略。

所以，当一出戏排演出来后，就会录像，放给演员们看，再讨论演员们的演出技巧值得表扬之处及改进之处，演员要在记事本上记录对自己演出的建议及自我评价。 然后在彩排时会又录一次做资料保存，这次是表演比较成熟的，除了欣赏外，也要压来讨论。

5.解决问题

戏剧单元结束时，就是第一次正式演出——首演，这时是学生得到观众欣赏回馈的时候，也是演员们最兴奋的时候。 每场戏首演完，老师会带着演员分享收获，如观众的掌声、校领导的接见、慰劳及演出的收入等，培养学生的成就感。 一出戏排演完成，除了首演外，还会在周末团体活动时再演几次，这些演出不是正式的演出，一般会请家长和少数社区中的人来观看。

公演就是正式演出，会正式邀请相关单位、社区观众来看戏。 公演一般将几出戏结合在一起来公演，老师要做有关公演的事务。 在一学期中，我们会依需要举办公演活动，如元旦节、六一儿童节、国庆节、有单位来参观时、社区活动、助残日等。 以下是从 2004 年 10 月到 2005 年 12 月，向阳童剧团的正式公演活动和剧目。

时间	场所	剧目
2004 年 12 月 3 日	重庆市残联组织的文艺表演	《爱的真谛》
2004 年 12 月 24 日	江津市天主堂圣诞节演出	《爱的真谛》《特别的爱给特别的家》
2005 年元旦节	向阳小剧场演出	《爱的真谛》《特别的爱给特别的家》
2005 年 1 月期末	向阳小剧场奥斯卡颁奖典礼演出	《奇迹》
2005 年 5 月助残日	重庆沙坪坝三峡广场演出	《奇迹》
2005 年 5 月 31 日	向阳小剧场演出	《老鼠嫁女》《哥哥的婚礼》
2005 年 7 月	"戏剧营"向阳小剧场演出	《老虎吃月亮》《老鼠嫁女》《奇迹》《爱的真谛》《特别的爱给特别的家》《哥哥的婚礼》
2005 年 12 月 23 日	向阳小剧场演出	《特别的爱给特别的家》学生版、《特别的爱给特别的家》老师版

续表

时间	场所	剧目
2005 年 12 月 24 日	江津市天主堂、基督教社区场所（滨江路）圣诞节演出	《特别的爱给特别的家》老师版
2006 年元旦节	向阳小剧场演出	《姐姐的婚礼》、《特别的爱给特别的家》学生版（小班）、《特别的爱给特别的家》老师版

（六）"戏剧人生"感想

这十年来，我们无数次地带着学生进入社区活动，目的是让他们学会在社区中独立生活，让社区中的人认识了解他们，给予他们关爱与尊重。希望我们的学生能与社区真正地融合，成为整个社会大舞台表演中重要的一员。但现在的这个大舞台，总被有实力或有魅力的演员占据，弱势群体演员们只能站在舞台的边角，或是还在围幕边缘，探头看看，没真的踏入大舞台，看不到他们的精彩亮相。除了有少数几位很细心的观众在欣赏，绝大多数观众都没注意到，甚至遗忘角落中还有这一丁点的演出。我们最不希望学生们被看成是一群可怜的人，最希望大舞台能提供机会让他们真正在大舞台上展示，他们的人生同样的精彩！

我们组织学生成立"向阳童剧团"，创造展示精彩人生的舞台。老师学生们成为每场戏剧演出的台柱，然后到社区中演出，或是让社区中的人来观赏，让社区中的大众重新认识了解我们。我们的美丽人生开始崭露头角。

我们演出人生百态。要学习认识自己，了解别人，演绎别人。每场戏的演出都会让学生体会一种不同的生活，了解不同生活方式、不同的情绪及喜怒哀乐等。学会控制自己的情绪，以及为人处世，关注、关心他人等。

演戏过程中，学生可以学习到很多知识、生活技能、语言，了解很多故事传记和生活常识。在演出时，要换戏服，我们就在自然轻松、很有动机的气氛中，让学生学习穿衣、物品自我管理、环境布置等。 相关的语文数学能力、劳动态度技能等也是在这种学习气氛中学习到的，很符合生态导向课程的观点，学习的情境是真实的、自然的，没有矫揉造作的痕迹。

戏剧的演出，也让学生的特长得以发挥，各显神通。 阿涵口语与计划能力较好，会安排台词多的重要角色；思思唱歌很好，戏中的插曲由她包了；佳佳很漂亮，美女的角色就没人与她争了；珍珍姿势很优雅，嫦娥仙子就是她演了；阿鹏爱动，如有跑啊或调皮的角色让他来演；向阳中心的"三剑客"动作能力和理解力要好一点，很多重头戏就是他们担当。 阿骁同学的理解能力很好，又有很多见解，是导演的助理。

向阳童剧团剧场工作让学生的行为改变。 经过一年多的剧场工作，学生的言谈举止有很大的转变，变得自信、彬彬有礼，很懂关心人，脸上常带有很满意的和谐自然的微笑。 除了他们本身的长相或语言、行动的问题外，怪异的行为很少，戏剧的魅力作用真的很大。 最漂亮的演员佳佳，曾有攻击行为，同学们平时看到她就怕她，不愿靠近她。 在演出过程中，佳佳不断地与同学互动配合演出，同学们学会忍耐佳佳刚开始的行为，对佳佳很好，主动打招呼，佳佳看到大家对她这样好，攻击行为逐渐变少了，现在说到排戏就很高兴。 佳佳的行为也给家人造成多年的困扰，她没有什么爱好，老师和家长想尽办法，让她学习一些休闲活动，最多能玩半小时。 她对电视、唱歌也没什么兴趣，一天到晚行为问题多，因为戏剧带来的灵感，老师把她表现好的排戏过程录下来，让她带录像光盘回家看，她看到里面演的是自己及同学、老师，就开始看了，与婆婆也有了共同语言。 她现在喜欢看电视剧，不管看不看得懂都会说好看，能看一个小时左右。 排演《奇迹》时，佳佳被打扮得很漂亮，在剧场经过的每一个人都说佳佳漂亮，佳佳也很高兴地与他们打招呼，这改变了大家对佳佳的看法。

还有思思，她是最有舞台感觉的一位学生。 平时排演精神不太好，舞台灯光一出来，她马上就找到舞台感觉，精神焕发。 她特别喜欢表演，为了表演，她学会了承受很多的批评，并能改正自己不适当的行为。 她很会背台词和唱歌，背台词成为她的休闲活动，她有空时就拿出来在人家面前显一显，添了很多生活欢乐。 为思思设计的台词，尽量是在生活中可以用的。 在上语数课时，又依台词再扩充生活应用的内容，在情境中再练习。 对戏剧的兴趣，也增强了思思在生活中的语言对话及应用能力。

向阳"三剑客"——阿宇、阿明、阿伟，在《奇迹》这出戏中，他们要扮演小市民与达官贵人。 两种不同的打扮与言谈举止，让他们学会自己打扮。 阿宇和阿伟马上要求家长买西装、领带、皮鞋，每天西装革履地上学，还会选择及搭配自己的服装。 他们最高兴的一件事就是别人夸他们很帅，他们也会适当地夸别人漂亮、好看。

向阳童剧团带动家长、义工们参与教学。 因男老师少，很多场戏的演员不够，或是特意地安排，就会请家长来串角色，调动家长参与教学的积极性，以及对自己孩子的重新认识，从自己的心理中走出来，带孩子勇敢地面对社会。 有时候下午排戏，家长就会故意早点来，看自己孩子排戏表演的过程。 如果去外地公演，家长都很支持。 在学校陪读的几位家长和保姆，是我们剧团的演员储备处，如有角色需要，就会调动他们来参与剧场工作及演出。 我们学生版《特别的爱给特别的家》，就是家长、实习老师和小班学生表演的，导演老师只负责演员培训与导戏。

向阳童剧团在戏剧制作及演出过程中，也让老师体会了丰富的人生。 虽然老师要承担很多戏剧制作的压力，如写剧本、戏剧演出效果等，但在整个过程中是很开心的。 有当导演的乐趣，有当演员的乐趣，有看到演员精彩表现的乐趣。 有每次公演的成就收获，又看到各位演员出乎意料的搞笑乐趣，每一天的剧场都充满欢笑，师生关系融洽。 如果有剧本和舞台，我们很乐意长期带学生做戏剧。 不过我们知道，戏剧舞台不是学生唯一的舞台，还要帮助学生找到更多的出路。 在江津或重庆或全国开发一个又一个生活大舞台，我们希望下次观众能在工作职业场所、社区场所、政府大楼看到他们真正融入社会时的精彩人生。 掌声响起来吧，为我人生喝彩！

附一　向阳中心功课表

附二　协同教学表

附三　向阳童剧团

附四　戏剧人生生活主题活动卡

附五　戏剧人生生活主题活动卡

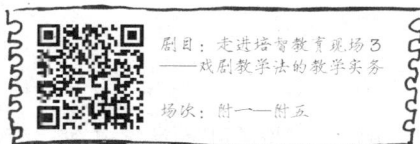

剧目：走进培智教育现场3
——戏剧教学法的教学实务

场次：附一—附五

附六

奇迹

2004 年 12 月向阳小剧场

剧本：戴玉敏

导演：戴玉敏

导演助理：阿骁

舞台监督组长：龚利、阿涵、阿伟、阿宇、阿明、佳佳、思思

角色：扮演者

花婆婆：杨贵芳

老大（龚艺谋导演）：龚利

小李、小俐（几江镇长、夫人）：阿伟、佳佳

胖哥、胖嫂（董事长、夫人）：阿宇、珍珍

何大哥、何大嫂、何小妹（将军大人、夫人、电台主持人或大歌星）：阿明、黄琼、思思

老马、马三妹（银行行长、秘书小姐）：阿骁、启玲

龚三、龚么妹（教育局局长、秘书小姐）：阿涵、黄婷婷

城管办人员、邮差：戴玉敏

女儿：冉秋红

女婿：周千勇

外交官：（家长）

备注：小李和小俐卖报纸，胖哥和胖嫂擦皮鞋，何大哥一家卖菜。

马家与龚家合作开电话亭，他们都是花婆婆的好邻居。

故事大要：

老大是一个有钱的、很热心的社会大哥，他每天都会去花婆婆的花店买花，因为花婆婆的花会给他带来好运，好心情。有一天，老大又去买花，没有看到花婆婆，没有买到花婆婆的花，老大运气不太好，心情也不好，他担心花婆婆出了什么事，于是便去找花婆婆。花婆婆的邻居告诉老大，花婆婆

生病了，病得很重。 老大去看望生病的花婆婆。

花婆婆为什么生病呢？ 原来花婆婆接到女儿的信，女儿在外国读书很多年了，最近有了男朋友，女儿男朋友的爸爸是外交官，准备元旦节回家看看花婆婆。

前几年，花婆婆为了供养女儿在外国读书，辛辛苦苦地卖花，省吃俭用，日子过得很苦。 为了让女儿安心地读书，她骗女儿说自己做生意赚了很多钱，现在很有钱了，经常与市长、银行行长、将军及夫人们吃饭聊天，女儿信以为真，这次特意带男朋友和他的外交官爸爸回老家看看。 花婆婆很害怕这些骗人的话被戳穿，害怕女儿的男朋友及他爸爸生气，女儿的婚事就完蛋了，所以才伤心得生病了。

花婆婆的事感动了老大，老大决定帮助花婆婆。 他给花婆婆租了一幢大房子，请来著名的女导演龚艺谋小姐，还有花婆婆的邻居，让邻居们来扮演市长、银行行长等达官显贵，并且精心地设计了一场盛大的欢迎舞会，欢迎花婆婆的女儿及男朋友和男朋友的爸爸的到来。

在老大的帮助下，邻居们精彩的扮演下，欢迎舞会很成功。 花婆婆及女儿、女儿的男朋友及男朋友的爸爸很高兴。 这时，城管办的官员来了，快要戳穿这些人的身份……

场景一：街头小巷道里

（老马、马三妹、龚三、龚么妹摆出公用电话亭上）

（花婆婆上）

花婆婆：(准备出门)今天的天气不太好，我早一点去卖花，多卖点钱回来。

（看看邻居的大门)唉！他们还没有出门呢！

老　马、马三妹：花婆婆早！

花婆婆：早早早，唉，你们今天真早呀！

龚　三、龚么妹：花婆婆早，卖花啦？

花婆婆：嗯！卖花了，三元一支！（在大树下摆花摊）

（老大急匆匆地上）

老　　大:唉呀！真倒霉,车抛锚了,唉!（准备打电话）

没电了？今天真倒霉！哪里有电话？（老大看见电话亭,往电话亭走去）

龚　三、龚么妹:你好!

老　　大:你好！我打个电话。（老大拨电话）

喂！小周吗？你在哪里？我的车坏了,我在斑竹巷电话亭,来接我一下,好好,5分钟后见,再见!（老大转身正准备走）

马三妹:先生,请等一下。

老　　大:请问有什么事?

龚　三:先生请付钱。

老　　大:多少钱?

龚　三:1元钱。

老　　大:（付钱）对不起,忘了给钱,对不起。

马三妹:（老马伸手接钱）没关系。（捡起地上的皮包）先生你的皮包掉了。

老　　大:谢谢你,逛一下,这里有点热闹嘛。

花婆婆:卖鲜花了,三元一支,先生,买花吧,鲜花会给你带来好运气的,买花吧。

老　　大:鲜花？好运气？好,我买8支花,八八八,天天发!

花婆婆:（数8支花给老大）先生,给你。

老　　大:谢谢,多少钱?

花婆婆:一共24元钱。

老　　大:（付钱100元钱）不用找了。

花婆婆:谢谢您,祝你天天都有好运!

老　　大:谢谢您！明天见!（老大下）

花婆婆:卖花了！卖花了！我今天的运气不错,挣了这么多钱。

城管工作人员:喂,摆摊的,把摊子摆到巷子里去,龚三,别占道经营。卖花的,摆进去点。

龚　三：是是是。

花婆婆：是是是。

   （龚三与老马姐弟、花婆婆急忙移动一下摊位）

   （小李、小俐抱一大抱报纸上）

小　李：花婆婆，走，天黑了，回家了！

老　马，龚三，收摊了，天黑了！走啦！

花婆婆：收摊了，今天的运气不错。（老婆婆高高兴兴地下，电话亭关门）

场景二，过了几天的街头小巷道里

   （花婆婆上）

花婆婆：（准备出门）今天的天气阴阴的，早点出去卖花。

   （招呼邻居）小李，何大哥，走啦，摆摊了，老马，龚三，开店了。

众邻居：花婆婆早。（小李、小俐卖报子上，何大哥一家卖菜，各自摆

   摊就位）

小　李：卖报纸，晨报，晚报，华西都市报……

何大嫂、何小妹：卖菜了，卖菜了，新鲜蔬菜……

   （老大上）

老　大：昨天路过这儿，买了花，运气真的很好，今天顺路再来买花，看看今

   天的运气怎么样？（路过电话亭）你好！

马三妹等：你好！

花婆婆：卖鲜花了，三元一支。先生，买吧，鲜花会给你带来好运气的，买

   花吧。

老　大：你好，我今天又来买花了，你的花真的能带来好运气呢！

花婆婆：你的心肠好，运气当然就好啦！多少支？

老　大：又买8支吧（准备付钱100元），不用找了。

花婆婆：谢谢了，好心人，祝你好运！

老　大：老人家，再见。（老大下）

花婆婆：今天又不错，一下子又挣了这么多钱。

　　　　　（邮差上）

邮差上：花婆婆，您的信。

龚　三、何大嫂等人：花婆婆，您女儿又来信了？

花婆婆：（高兴地）对对对，元旦节快到了嘛。

何大嫂：花婆婆，好幸福，有个在外国的女儿。

　　　　　（花婆婆拆信看，脸色慢慢地变得很难过）（胖哥、胖嫂带着擦皮
　　　　　鞋的工具上）

胖　嫂：今天挣了多少钱？

胖　哥：35元。

胖　嫂：还不错嘛。走，回家煮饭了。

胖　哥：老马，收摊了。花婆婆，花婆婆，收摊了。

　　　　　（何大哥一家、小李小俐一家收摊回家）

　　　　　（花婆婆又坐了一阵，方才反应过来，呆呆地站了起来，收拾回家，
　　　　　路上走得很沉重）

场景三，又过了几天的街头小巷道里

　　　　　（小李一家卖报纸上，何家一家卖菜上，胖哥一家摆擦皮鞋上）

　　　　　（电话亭开业，各摊全已在台上，只差花婆婆）

小　李：卖报纸，卖报纸……

何大哥：卖菜了，卖菜了，卖菜了，新鲜蔬菜……

何大嫂：×××××

何小妹：×××××

胖　哥：（招呼路人）擦皮鞋了，擦皮鞋了，1元钱。

胖　嫂：×××××

　　　　　（老大上）

老　大：这一段日子，我每天都去买花婆婆的花，因为我发现，花婆婆的花，
　　　　　能给我带来好运，这一阵子，我做生意赚了不少钱。现在不管我忙
　　　　　不忙，每天都来这儿买花。

（一路走，一路与人打招呼，走到花婆婆卖花的大树下）

唉！花婆婆呢？

（很着急地四处找花婆婆）

胖　哥：花婆婆生病了，不卖花了。

老　大：严不严重？

胖　哥：严重得很。

老　大：为什么病了？

胖　哥：不知道。

马三妹：她好像有心事，又不肯说，我看是急病了。

老　大：我想去看一看花婆婆，她住在哪里？

胖　哥：在那里，我们一路去。老马，龚三，走，去看花婆婆。

老马、龚三：要得，马上来。

（老大、胖哥、胖嫂、老马姐妹、龚三姐妹下）

场景四，花婆婆简陋的家

（花婆婆家，何大嫂与何小妹扶花婆婆上，何大哥端椅子上。老大、

胖哥与胖嫂上）

胖　哥：（敲门）花婆婆，开门了

何大嫂：胖哥来了？我去开门。（去开门）

花婆婆：谢谢你了！

（老大、胖哥与胖嫂进屋）

老　大：花婆婆好，身体好些了吗？

花婆婆：谢谢您这么好心肠，专门来看我这个老太婆。

老　大：花婆婆为什么病了？

花婆婆：唉……

何大嫂：花婆婆是接到她女儿的信，才病倒的。

老　大：接到女儿的信是高兴的事，怎么会病倒呢？

花婆婆：唉……

大　家：花婆婆说嘛，说出来我们会帮你的。

花婆婆：事情是这样的……

（前几年，花婆婆为了供女儿在外国读书，辛辛苦苦地卖花，省吃俭用，日子过得很苦。为了让女儿安心地读书，她骗女儿说自己做生意赚了很多钱，现在很有钱了，经常与市长、银行行长、将军及夫人们吃饭聊天，女儿也信以为真，这次特意带男朋友及他的外交官爸爸回老家看看。花婆婆很害怕这些骗人的话被戳穿，害怕女儿的男朋友及他爸爸生气，女儿的婚事就完蛋了，所以才伤心得生病了。）

龚　三：这可怎么办呢？

大　家：这怎么办呢？

（大家沉默一会儿）

老　大：我想了一个好办法。

大　家：什么办法？

老　大：这需要大家的大力帮忙。你们愿不愿意帮忙？

大　家：当然愿意了。

老　大：好，我开始讲了。我们帮花婆婆开一个盛大的欢迎舞会，你们就扮演花婆婆所讲的市长和夫人，银行行长和夫人，将军啦，等等大人物。

何大嫂：啊！我见都没有见过市长、行长、将军这些人，不会不会！我不会。

龚么妹：我也不会演。

大　家：不会，不会！

老　大：刚才大家还说要帮忙的！

（大家犹豫了一下）

龚　三：我们学嘛！

大　家：对，我们学！

龚　三：那谁教呢？

老　大：我去请龚艺谋导演来教，不过龚艺谋导演很忙，最近他在导一部片子，不能来。这样好了，由我来当龚艺谋导演，负责导演这场戏，好不好？

大　家：你行不行？

老　大：我以前导演过一场戏……拿过大奖的。这场戏就交给我好了。

大　家：好！

老　大：你们一家一家地先排成一排，先问一下你们想演什么官，小李你想演什么？

小　李：市长。

老　大：好！何大哥想演什么？

何大哥：将军。

老　大：好！胖哥胖嫂，你这家想演什么？

胖　哥：老板，有钱的老板

老　大：那就演玫瑰花糖集团公司的董事长，好不好？

胖哥胖嫂：要得。

龚　三：我演教育局局长！

老　马：我演银行行长，要得不？

老　大：可以，不过你们要改口讲普通话才行。

大　家：好！

老　大：现在请将军讲一句普通话。

何大哥：你好！

老　大：讲得可以。请市长讲一句。

小　李：你好！

老　大：还行！请董事长讲一句。

胖　哥：你好！

老　大：大家很聪明，学得很快的。那我们大家来收拾一下场地，现在就开始练习。

（大家开始收拾场地）

所有女同志都当夫人或秘书，一对一对地配好。……准备：开始！花婆婆，你与我一起做示范好了。

（练习舞会出场。由老大宣布：市长到，银行行长到，董事长到，教育局局长到，将军到……老大发现错误并及时纠正。）

老　大：很不错嘛！就差一个大牌歌星来助阵了。

何大嫂：小妹会唱歌。叫她演大歌星！（四川话）

老　大：对不起，请讲普通话

何大嫂：我小妹会唱歌，叫她演大歌星！（普通话）

老　大：好主意，小妹，来走一下场，唱一曲。

何小妹：（明星风度走出场）大家好，我是××。

大　家：（拍手叫好）真像。

　　　　（老大电话响了）

老　大：（接电话）喂！小周吗？先帮我把江州大酒店全包下来，就在元旦节那天，然后开辆大车来接我们过去。唉呀，做样子，没什么的，好好，谢谢！越快越好！

老　大：（对大家）好了，要每天加紧练习，等元旦那天我们一起到江州大酒店去，为花婆婆举行盛大的欢迎舞会。

大　家：好。

　　　　（全体开始练习舞步）

老　大：各位邻居回家准备准备，等元旦节那天好好表演，千万别出任何差错了。大家小心点。千万小心！

　　　　（全体下）

场景五，滨江大道上

（花婆婆的女儿与男朋友上，一边走，一边观赏江津风景）

女　儿：我已经有好多年没有回江津了，江津的变化真大呀！看来我妈妈这几年过得不错嘛！

男朋友：Yes.I think so.

女　儿：这是聂荣臻元帅为我们江津题的词：江津是个好地方！

男朋友：Good.Very good.

女　儿：这是长江大桥。以前没有修大桥时,我们都是坐船过河,所有的汽
车都是用船运过去的。

男朋友：Good.

女　儿：这是原来建聂荣臻元帅纪念馆的地方,后来山体滑坡,聂荣臻元帅
纪念馆搬迁了。

男朋友：Very good.

女　儿：这是大沙坝,我小的时候,就在这里游泳。

男朋友： Very good.

女　儿：有一次,我还差一点淹死了！

男朋友：Good.

女　儿：到了,这是江津最豪华的大酒店：江州大酒店。

男朋友：Yes.

女　儿：今天,我妈妈要在这里举行盛大的舞会来欢迎我们。

男朋友：Very good.

　　　　Dad,please.

　　　（外交官上）

场景六,江州大酒楼

龚么妹：（悄悄地向大家报信）注意,来了！

老　大：（小声地）大家准备好……

　　　　（全体小心翼翼地上,准备上场,花婆婆与老大上,与女儿见面）

女　儿：妈妈,我好想你！

花婆婆：我也想你,女儿,你长得越来越漂亮了！

女　儿：妈妈！This is my mother.

男朋友：This is my father.

外交官：Nice to meet you.

花婆婆：你好。

（音乐响起）

老　　大：市长及夫人到！（小李与小利上）

江津市玫瑰米花糖集团公司的董事长及夫人到！（胖哥与胖嫂上）

驻津司令部何将军及夫人到！（何大哥与何大嫂上）

江津电视台主持人××到！（何小妹上）

教育局局长及银行行长到！（龚三与龚么妹、老马与马三妹上）

（女儿、男朋友、外交官上，依序与大家握手问好）

（跳舞音乐开始，大家准备跳舞，城管人员上）

城管人员：这里很热闹，进去看看，有什么大人物来了，我去见识一下。

（看见大家，很吃惊的样子）

你们不就是……卖菜的何大哥，擦皮鞋的胖哥胖嫂！卖报纸的……

（大家一窝蜂地躲起来）

（城管人员走到花婆婆面前）你不是花婆婆吗？你在做什么？

（花婆婆很吃惊，愣住了）

老　　大：（上前讨好、拉拢城管人员）大哥，抽烟，走，我们去喝两杯。

女　　儿：妈妈，这是怎么回事？

花婆婆：女儿……（难为情地）

妈妈要告诉你一件事……（难为情地）

事情是这样的！（难为情地）

我……（难为情地）

（音乐响起，老大宣布）

×××到

×××到

……………

外交官：亲家母，选个日子把小两口的婚事办了吧！

花婆婆：好！

　　　　（大家欢呼）

　　　　（大家出来与观众们一起随音乐跳舞）

————完————

附七

姐姐的婚礼

2005 年 11 月　向阳中心小剧场

编　　剧：梁英

导　　演：梁英

导演助理：阿骁

舞台监督：阿明、阿伟 、阿鹏、戴玉敏

舞 美 组：阿宇、思思、阿涵、杨津晶

道 具 组：珍珍、佳佳、白兰杨大姐

角　　色：扮演者：

弟弟阿俊：阿宇

江 老 师：戴玉敏

姐　　姐：杨津晶

姐　　夫：陆昌庆

（假婚礼众宾客：全体同学、家长、观众）

场景一：

一个初冬的星期五,在一家住宿教养机构的一间教室里,等待家长来接的同学们正兴奋地准备着一件事情。

画外音(学校的广播声)：各位同学,周末到了,无论你周末回家是跟家人郊游,是拜亲访友,还是参加宴会,老师都祝你们回家快乐。不能回家的同学也不用难过,学校在这个周日晚上特别准备了入冬以来的第一个晚会。祝大家周末愉快!（随着画外音大幕徐徐拉开）

阿　　俊：(对正在加紧织围巾的珍珍)快点嘛,姐姐要来接我了。

白　　雪：织好了,我不会收针!

阿　　俊：我去找老师帮忙。（对着另一个桌上的老师）

　　　　老师……

　　　　（老师过来帮珍珍收针）

江 老 师:阿俊,念给姐姐的祝福词背下来没有?要不再让思思陪你读读。

阿　　俊:思思背得了,我还背不得,老师,我照着稿子念。

老　　师:哦。不过,要是不照着稿子说给姐姐听,姐姐会很高兴的。

林　　林:阿俊,过来,看看我们送给你姐姐的花。怎么样?好看吧。

阿　　俊:嗯,好看。谢谢大家!谢谢大家!谢谢大家!

佳佳妈妈:(进门)好美的花啊。老师,要送给谁啊?

泽　　宇:(端凳子想给佳佳妈妈坐)给阿俊姐姐,新婚快乐!

众 同 学:新婚快乐!

佳佳妈妈:(帮着扎花)哦,阿俊明天要去吃姐姐的喜酒吗?

阿　　鹏:吃喜酒。好吃。

佳佳妈妈:阿俊,要不要带好吃的回来给我们啊?

阿　　俊:要带!要带!

白　　雪:要记得哦。

众 同 学:我要,我也要……

江 老 师:(边收针边说)为了参加他姐姐的婚礼,班上的同学都在帮他准
　　　　　备礼物呢。他说天冷了,想送给姐姐一条围巾,珍珍就加紧帮
　　　　　他织。

佳佳妈妈:这样扎更好看……

佳　　佳:漂亮。(扎好,众拍手庆贺)

明明妈妈:(边进门边叫)老师,我来接明明回家了。

林　　林:阿姨,阿俊的姐姐要结婚了,我们在帮他准备送给姐姐的礼物。

明　　明:(航航展示画好的画)妈妈,看。

明明妈妈:嗯,画得好。阿俊,祝贺祝贺哦。

江 老 师:干脆大家都在上面签名吧。

　　　　　　(鹏鹏妈妈上,众齐声赞同,在画上签名)

阿　　鹏:我要红色。

江 老 师:你是写字还是画画哟?

佳佳妈妈:佳佳签名!

明明妈妈:思思画圆.画圆,画圆。

林　　林:我要画心

亮亮妈妈:(上)老师,好热闹哟!

江 老 师:是这样,阿俊姐姐明天结婚了,大家在准备礼物,要在画上签名。

亮亮妈妈:阿俊姐姐的大喜事,我也签。(走到自己孩子前,带着孩子一起
　　　　　画着)

阿　　俊:谢谢阿姨!

亮　　亮:妈妈画!

江 老 师:(走到白雪旁边)围巾好了!(把收好针的围巾顺势挂在白雪脖
　　　　　子上)

众:(欣赏赞叹)好看! 漂亮! 暖和! 针脚好平顺。

明明妈妈:颜色好喜庆哟!

姐　　姐:(手提一袋东西,心事重重急上)阿俊!

　　　　　(江老师忙收围巾给阿俊,阿俊藏好)

众:(众星捧月般围上前)新娘子姐姐好,姐姐好漂亮,新婚快乐,恭
　　　喜恭喜……道贺词。

姐　　姐:(送众人喜糖)谢谢,谢谢,(对着老师欲言又止)老师……
　　　　　我……

江 老 师:阿俊姐姐,你看,这是阿俊的同学帮忙准备的贺礼。

　　　　　(阿俊把画送上)

姐　　姐:好漂亮哟!(与阿俊一同欣赏)

思/亮/众:我们画画,献花,送给新娘子姐姐,见面第一句话,就是恭喜恭
　　　　　喜,恭喜恭喜恭喜你啊,恭喜恭喜恭喜你,恭喜恭喜恭喜你啊恭
　　　　　喜恭喜你……(大家跟着合唱两句)

姐　　姐:(电话响了,接完电话,很着急,对老师)老师,我……(看看时间
　　　　　把老师拉过一旁小声解释着什么)

江　老　师：(在大家的歌声中)阿俊,这周你不回去了,一会儿跟老师回
　　　　　　宿舍。

　　　　　　(众静)

姐　　　姐：阿俊,看姐姐给你买了好多你喜欢吃的。你在学校跟同学、老师
　　　　　　一起吃吧。

阿　　　俊：我想跟姐姐一起回去。

姐　　　姐：婚礼完了姐姐就来看你好不好。

阿　　　俊：我想姐姐。

众　家　长：(七嘴八舌)阿俊,听姐姐话,明天人多,姐姐会照顾不到你的,
　　　　　　在学校跟大家一起吃喜糖是一样的。

阿　　　俊：我想回去。

姐　　　姐：(手机响)改时间了?六点?好好好!我马上到。

　　　　　　(把口袋给阿俊,阿俊不接,转而给老师)老师给你添麻烦了。
　　　　　　阿俊,姐姐走了。

　　　　　　(阿俊拿下姐姐围着的围巾)

姐　　　姐：(欲拿回围巾,手机再响)喂。好好好!马上到,马上到。谢谢
　　　　　　老师。麻烦大家了。阿俊,姐姐走了。(无奈离去)

　　　　　　(画外音:请各班主任把家长还没来接的孩子送到会客室,再把
　　　　　　本周不回家的孩子送到食堂。本周播音到此结束,祝大家周末
　　　　　　愉快!)

佳佳妈妈、亮亮妈妈、玥明妈妈：(各带着孩子与老师同学告别)老师再见,
　　　　　　　　　　　　　　　　同学再见,阿俊再见。

江　老　师：(与家长、学生道别完,对留下来的同学)各位同学,把要带回家
　　　　　　的东西拿好,到宿舍。阿俊,跟老师走吧。

阿　　　俊：不,我想姐姐。

同　　　学：(七嘴八舌)阿俊走,走吧,阿俊走嘛。

阿　　　俊：不,我想姐姐。

江 老 师:(想了想)白雪,泽宇,你们留下来陪阿俊,老师马上回来。

白雪/泽宇:好,嗯。

　　　　　　(老师与其他同学开门,一阵风吹过,画跟花被吹落满地。阿俊坐下小声哭泣着慢慢地拆着围巾,白雪、泽宇不知该如何安慰他,只好把散落在地上的画跟花一朵一朵拾起来。灯渐暗,幕落)

场景二:

(灯亮,老师上场)

老　　师:(对着观众)如何才能安抚这哭泣着的心灵呢?请大家帮我想想办法吧!(等待观众反应)嗯,阿俊平时很喜欢表演。(视反应引入)模拟婚礼?嗯。好主意。我们大家一起帮阿俊举办一场模拟婚礼,到时也请热心的你上台来扮演婚礼中的来宾,为我们的这场模拟婚礼增添更多的喜庆。(老师下)

场景三:

(幕开,江老师跟阿俊、白雪、泽宇、林林、鹏鹏、思思在教室布置)

佳佳妈妈、亮亮妈妈:(带着自己的孩子匆忙上)来晚了,来晚了,对不起老师。还有什么要做的?

江 老 师:没关系,快布置好了,你们帮忙搬一下桌子吧。

佳佳妈妈:(边布置边问)谁扮新娘啊?

亮亮妈妈:还有新郎。

佳佳妈妈:要不老师你吧!(众人乐)

江 老 师:我爱人今天有事,要不啊,正好可以跟他回忆当年。今天你们刚好一起来的,干脆就让你们扮家家酒好了。一个当新娘,一个当新郎。

亮亮妈妈:(犹豫一下)好啊,就让老师乱点一次鸳鸯谱。

江 老 师:(老师指挥众人,排练起来)不对,我怎么成司仪了?

佳佳妈妈:对啊,还差伴娘伴郎。

亮亮妈妈:(指着白雪、泽宇)这不现成的吗?

江　老　师:嗯,林林的声音很好听,让他当司仪好了。

　　　　　　(老师再次指挥众人排练,家长丙带两孩子上)

明明妈妈:鹏鹏妈临时有事,来不了了,让给老师说声抱歉。(鹏鹏热情地
　　　　　跟阿俊打招呼、问候)。老师还有什么要做的?

江　老　师:准备得差不多了,你就招呼大家入座吧。(对观众)感谢大家出谋
　　　　　划策,现在我们的模拟婚礼马上就要开始了。欢迎你也加入到我
　　　　　们的婚礼中来。(家长甲、乙带假扮的新娘新郎从侧幕布下)

司　　　仪:现在婚礼开始,有请新娘新郎入场。(假扮的新娘新郎入场,同
　　　　　时,姐姐、姐夫从侧幕上,众人皆未发现)

司　　　仪:请新郎家长讲话。

亮亮妈妈:(自告奋勇上,想想)我儿子能娶到这么漂亮温柔的媳妇真是我
　　　　　们的福气哟。(众笑)

司　　　仪:借亲家母吉言,祝大家福气多多!(众笑)请新娘家长讲话。

佳佳妈妈:愿他们今生有福同享,有难同当,相互扶持走一生。

司　　　仪:祝新娘新郎百年好合。我们也会永远和你们在一起。在这喜庆
　　　　　的日子里,新娘子的弟弟,也是我们的同事阿俊,有很多祝福的
　　　　　话想说给姐姐听。

阿　　　俊:(记着老师说的不照着稿子念姐姐才喜欢的话,断断续续地)姐姐
　　　　　……从这里小(比手势)……大了……嗯。(很努力地想词)

思　　　思:姐姐,我从这么小的时候,就跟你在一起。每天,我们一起吃妈
　　　　　妈煮的饭,吃得好香。我长这么大了,姐姐长这么大了。姐姐要
　　　　　跟哥哥一起吃饭了。我想看姐姐跟哥哥一起吃饭的时候香不
　　　　　香。天冷了,送条围巾给你。这样,你跟哥哥一起吃饭时就会很
　　　　　香了。

阿　　　俊:老师,我想自己读给姐姐听。

江　老　师:好吧,思思,记得阿俊念时,你不能念啊。重来一次。(姐姐、姐

夫从侧幕去到后幕)

司　　仪:现在婚礼开始。有请新娘新郎入场。(姐姐、姐夫上,伴娘伴郎
　　　　　上。众惊,长时间鼓掌)

司　　仪:由新娘的弟弟,给姐姐说祝福的话。

阿　　俊:姐姐,我从这么小……(老师把折了一半的围巾拿出来,递给阿
　　　　　俊,阿俊给姐姐围上)

姐　　夫:这才是我们真正的婚礼。

司　　仪:祝两位新人白头到老,姐姐、姐夫三鞠躬,送新人入洞房。不对,
　　　　　不对,请新娘姐姐、新郎姐夫接弟弟回家。

江 老 师:为了阿俊同学能分享姐姐的快乐,老师特许阿俊同学请假一天。
　　　　　感谢大家参加这场特别的婚礼。

　　　　(大家鼓掌送姐姐、姐夫和弟弟下。背景音乐为欢快曲子。)

————完————

说明:在排练的过程中,为了尽量让剧本符合学生和参与演出的家长的需
要,老师会根据排练情况修改或制作特别的剧本。比如《姐姐的婚礼》的第三
场,就因此做了大量的调整。

江 老 师:(带林林、思思、阿俊、泽宇、白雪上场)泽宇、白雪把桌椅摆好,
　　　　　阿俊、思思分糖。

　　　　　(检查,并把画板拿到观众席,折回铺垫子)你们糖分好没有?
　　　　　快准备哦,我来铺红地毯。(佳佳及佳佳妈上)

佳佳妈妈:老师,老师,来晚没有?还有什么要准备的?(明明妈妈与明明
　　　　　及鹏鹏上)

江 老 师:来铺垫子吧!(与佳佳妈妈铺垫子,明明妈妈让明明坐好,带明
　　　　　明和鹏鹏至老师旁)

明明妈妈:老师,鹏鹏妈妈有事,来不了,让我把鹏鹏带来,我可以做什
　　　　　么呢?

江 老 师：(继续铺垫子)你们准备桌椅吧。(明明妈妈与鹏鹏搬桌椅)

佳佳妈妈：老师，谁扮新娘啊？

明明妈妈：(快速接)还有新郎呢？

佳佳妈妈：(快速接)要不老师你吧。

江 老 师：我爱人出差了，要不啊，正好跟他一起重拾当年回忆呢。(抬头
　　　　　看佳佳再转头看明明)

　　　　　　耶，你们刚好一起来的，干脆就让他们一个扮新娘，一个扮新郎
　　　　　　好了。

明明妈妈：鹏鹏这么帅，让鹏鹏扮新郎好了。

江 老 师：(请鹏鹏、佳佳到主席台站好，佳佳妈妈协助)嗯，好般配的一
　　　　　对，不错不错，请新娘新郎站好。(猛醒)不对，我怎么成司
　　　　　仪了？

佳佳妈妈：(快速接)还有伴娘伴郎呢！

明明妈妈：(指泽宇、白雪)这不现在的吗？

江 老 师：嗯，林林的声音好听，让他当司仪好了，有请泽宇、白雪。(明明
　　　　　妈妈跟随泽宇、白雪回到明明身边。亮亮妈带亮亮上)

亮亮妈妈：(着急，有点不好意思，上)老师，老师，还有什么要做的？

江 老 师：准备好了，你就招呼大家入座吧。(亮亮妈妈带亮亮虚请客人，
　　　　　江老师请新郎等下，佳佳妈随下，江老师在正中站定，亮亮妈见
　　　　　江老师站定，带亮亮回座位坐好)

江 老 师：(对观众)感谢大家出谋划策，现在我们的模拟婚礼马上就要开
　　　　　始了，欢迎你也参加到我们的婚礼中(江老师安慰阿俊后请观众
　　　　　坐第二张桌，站林林身后，明明妈妈请观众坐第一号桌回位，亮
　　　　　亮妈妈请观众坐余下的空位子回位)。

司　　　仪：现在婚礼开始。(鞭炮声……停)有请新娘新郎入场。(音乐声
　　　　　前奏起，大家鼓掌，声渐弱，大家肃然等待。歌声起，新娘队伍
　　　　　上，大家鼓掌。同时姐姐姐夫从侧幕布上)

司　　仪:有请新郎新娘父母。(佳佳妈妈从地毯上走上,没人再
　　　　上,冷场)

江 老 师:(正好看到亮亮妈妈,化解尴尬边往台中央走边说)亮亮的妈
　　　　妈,你长得最白,你来扮演新郎的妈妈吧。(亮亮妈妈站好,江老
　　　　师转身对观众)来的都是妈妈,为了让我们这出戏更圆满,有没
　　　　有观众自告奋勇扮演爸爸的?(对上来的观众)谢谢。请。(顺
　　　　势退到思思身后)

司　　仪:请新郎家长讲话。

(后面同以前的剧本)

二、戏剧人生——创造性戏剧在特殊青年剧场活动中的运用

梁英

"创造性戏剧"原本就是专业剧团训练演员的一门技术，早期称为"创造性戏剧术"。其因创造性与游戏性，可直接运用在童剧团的排练活动中，其中有许多开发身体、声音和感知觉的活动，这些活动对中度与重特殊教育需求儿童的动作-知觉发展，情绪觉知与调节，社会性互动有相当程度的促进作用。向阳童剧团在向台湾戏剧治疗师苏庆元老师学习创造性戏剧课程后，引进对特殊青年的应用，现将多年心得与相关资料作了一些整理并呈现出来，以此作为对创造性戏剧的应用简明推介。同时还从苏老师带领过的创造性戏剧活动中摘取一些基本的活动附印在本篇里，以供有意发展戏剧与教学的老师参考，希冀能惠及更多的中重度特殊需求的青年们！

（一）创造性戏剧的内涵

"创造性戏剧"是一种即兴的、非正式表演的，且以过程为主的戏剧形式。其中，由一位领导者带领一个团体，运作"假装"的游戏本能，共同去想象、体验，且反省人类的生活经验。在自然开放的教室气氛下，透过肢体律动、五官认知、即兴默剧，及对话等戏剧形式，让参与者运用自己的身体与声音去传达、解决故事人物或自己所面临的问题与情境，进而建立自信、发挥创意，综合思考且融入团体，成为一个自由的创造者、问题的解决者、经验的统合者及社会的参与者。

创造性戏剧活动原本是专业剧团训练演员的一种方式，其中包括一些剧场游戏、哑剧、制作与演出等戏剧活动。最早由美国的温妮弗列德·瓦德（Winifred Ward）发展出来，他把这些戏剧活动转化成一种教学活动，让学生在其中以剧场本身作为学习的客体，通过这些戏剧活动习得与戏剧有关的知识与技能。因此，创造性戏剧又是一种教学方法，以戏剧为教学主题，运

用一些戏剧活动来了解戏剧这门艺术。 了解的方式是参与戏剧、制作戏剧与观赏戏剧，即团体成员在一名带领者的带领下投身到戏剧活动中，成为团体中表演时的一员，当团体中其他组的人员在呈现戏剧活动（表演）时，则成为重要的观赏者，以此培养戏剧的美感。

"创造性戏剧"经过近百年的发展以后，被广大教育工作者所熟知，变成一种重要的美育媒介，与各学科相结合后变成一种有趣的，让学生参与度最高的教学方式之一。

"创造性戏剧"活动可大约分成几个阶段，最基础的阶段是一些身体、声音、感官类、空间类的游戏活动，用来开发身体与声音，让身体与声音能自由地在空间里有目的地运用。 第二个阶段是一些身体、声音的创作类活动，让人们借由身体与声音有更多的表达，以及哑剧、转化类、情节表演类活动，再进一步到情节的发展、角色游戏，团体的沟通与合作类活动，到最后通过各类故事与诗的制作来呈现戏剧的主题活动，为欣赏戏剧艺术打下基础。

基础的创造性戏剧活动可简单分成几类：感官开发、身体控制与表达，声音控制与表达，想象力，建立角色等。

创造性戏剧基本活动①

活动类型	活动名称		活动说明
感官游戏	触觉	摸一摸	将不同物品放在箱子中，让学生摸，然后请学生用身体把该物品做出来，其他人猜是什么物品
	前庭	安全探索	4~6人一组，围成一个小圆圈，选一个人在圆圈中，闭上眼睛，在空间中任意走，其他人要跟随其移动，保护他的安全
	前庭	盲蛇	大家蒙上眼睛，搭着前面人的肩膀，第一个人开始移动，所有人跟紧，第一个人会用不同方式移动，例如高低、快慢等，后面的人要凭身体的感觉跟随其移动的方式移动

---

① 摘自苏庆元老师受评山庄戏剧营资料。

活动类型		活动名称	活动说明
感官游戏	视觉	猜领袖	选一人当怪兽等在室外,室内的人决定谁是领袖,领袖要带大家做动作但不能被怪兽发现。怪兽回到室内,大家开始跟着领袖做动作,同时要掩护领袖不被怪兽发现,怪兽要观察谁是领袖并找出领袖。交换角色
	听觉	听一听	闭上眼睛,听听周围的声音,用嗓音把该声音做出来
身体游戏	身体控制	怪兽抓人	在团体中选一人当怪兽,怪兽开始去抓人,被怪兽抓到的人要慢动作爆炸倒地不动。等待组员来救自己。怪兽抓人时可以加上快、慢、停等动作
		火山爆发	大家围成圆圈,传球,听到"火山爆发"时,拿到球的人要慢动作倒下。可延伸为:火山爆发时拿到球旁边的人慢动作倒下
		镜子	两人一组,一人是镜子,一人是照镜子的人,镜子要模仿照镜子的人的动作 两人都是镜子,也都是照镜子的人,彼此模仿对方的动作 四个方向都有镜子,大家转到不同方向时要跟随不同的镜子做动作
		123木头人	一个人做怪兽背对大家站在空间的一端,其余人在空间的另一端,怪兽背对大家喊1、2、3木头人,大家要设法向怪兽靠近,当怪兽喊完木头人时要面对大家,大家就不能动,怪兽要抓动的人
	身体开发	身体数字	两人一组轮流从1数到10,轮流用身体摆出1—10 分组,每组集体用身体摆出英文字母、汉字等
		雕塑家	三人一组,说明规则:一人做模特,一人做黏土,一人做雕塑家。模特摆出一个造型,雕塑家把黏土塑造成模特的造型
		房间	讨论家里某个房间比如客厅或厕所,客厅或厕所里有什么东西,每个东西都是可以用的,物品与物品之间留够空间让人过,房间要用一扇门,分组讨论,各组做一个厕所,轮流参观使用物品

续表

活动类型		活动名称	活动说明
身体游戏	身体开发	房间	做一间客厅或厨房,各组轮流参观,扮演家具的学生演示使用方法
		高中低	不同空间的移动方式。高空间移动的有:飞机、云 中空间移动的有:人、袋鼠 低空间移动的有:毛毛虫、海狗
声音游戏	声音开发	外星人	老师说外星人的故事,这个外星人只会说"啊",请一人帮这个外星人翻译"啊"的意思,再请另一个人把这个意思演出来 外星人会发生不同的事件,请大家一起帮外星人发出不同情绪的啊
		声音大冒险	在教室里放几张椅子,上面写几种声音,如喇叭声、吵架声、打雷声等,学生经过该椅子就要放出该声音
	声音表达	这是哪里	两人一组,一人做出一个地方的音效,另一人猜
		声音音乐会	老师请大家听周围的声音,然后分享。再请全班演奏一首《森林的早晨》,大家讨论这个情境里会听到什么声音,然后分组,每一组负责刚刚讨论出来的某一种声音。各组练习。大家闭上眼睛,主教开始即兴讲故事,比如森林的早晨,风吹过来,鸟在鸣叫,各组跟随主教的故事,依次发出声音,结束。可换成任何声景
		声音隧道	全体分两组,一组先在教室外候场,另一组讨论要做一个什么地方,比如游乐场、动物园等,这些地方会有一些声音,确定学员各自扮演什么声音,然后排成一排。教室外的学生进场依次走过,场内学生依次发出声音。讨论,请说出到了什么地方,听到哪些声音 两组交换。可做许多的场景,如菜市场、机场等

续表

活动类型		活动名称	活动说明
专注与转化游戏	转化游戏	神奇纸卷	把一个纸卷放在中间,请大家把纸卷变成不同的物品,每个人轮流用这个纸卷来做表演,大家猜这个纸卷现在是什么物品
		隐形球	请大家围成一圈,老师变出一颗隐形球拿在手上传给旁边的人。第一轮传正常重量的球,每一轮换不同重量的球(重、轻、大、小)
	专注力	操偶人	两人一组,想象有看不到的线,一人做操偶师,一人做偶,操偶师牵动看不到的线偶就要跟随动,操偶师控制偶移动或做不同动作
		一起移动	团体在空间中不能说话,但是要一起移动,如转弯、倒下、举手
情绪感受		戴面具	选一个人做一个表情(开心、生气类),将它视为一个面具,然后拿下来,给旁边人戴上,旁边的人就要变成这个表情,依次传递
		天气真好	用不同心情播报天气预报
		唱给你听	用不同情绪唱歌,用不同情绪念诗
		猜情绪	分组,老师给每组一个情绪,请每组表演,请其他组猜是什么情绪
		疯狂音乐会	每人在空间中找一样不可思议的乐器以不可思议的乐器打节奏,其他人跟随这个节奏。用不同的心情打出不同的节奏分组,各组用各自的不可思议乐器,创造出一首表达心情的曲子,让其他人猜是什么心情

（二）创造性戏剧课程的形式

非戏剧专业的特教教师如何带领一个迎向专业的特殊青年童剧团,经营剧场工作, 迈开戏剧人生? 当然能外聘专业的戏剧工作者作为督导更好,但是在戏剧工作者稀缺的情况下, 特殊青年的辅导教师也可以尽量研修戏剧领域的专业知识, 来引导剧团变得更专业。 创造性戏剧的课程是有心带领自己学生组成童剧团的教师必修的戏剧功课。 而且这戏剧课程除了老师必须掌握，以后也要带着童剧团成员去经历这一阶又一阶的进修，这是一个演员的责任。现介绍创造性戏剧培养课程于下：

创造性戏剧课程可先简单地分成初阶课程和进阶课程。初阶课程包括身体、语言（含非口语）的开发与运用，以及感知觉、空间的开发与运用、自我概念、简单事件与场景等类的活动；进阶课程以主题或故事为主轴来展开戏剧教学活动，包括一些对自我概念、转化、情绪等内容进行更进一步探索的活动。

不同阶段的课程，都需经由身体、声音游戏再发展到戏剧活动，活动则由有规则到即兴，由简单到复杂，由具象到想象进行组织。在这样的活动组织中，戏剧活动带领老师不断地有序赋权，参与者则经由赋权，获得自由发挥的空间，逐步积累创造力与想象力。

（1）基本的创造性戏剧系列课程包括身体的开发与创作，声音的开发与创作，空间活动，转化游戏，简单的排练、演出等。其一般以 10 次或 12 次为一个周期。如下表所示。

课次	主题	活动名称
1 ~ 3	身体开发	骨牌动物 2 人组快慢停
4 ~ 5	身体创作	彩带舞动作、问与答、人与机器
6 ~ 7	声音开发	胡言乱语自我介绍音量控制器
8 ~ 9	声音创作	合唱团外星人
10	转化游戏	隐形物品
11	排练	对以上活动做简单选择后串联起来，加入简单道具，配上音效，老师旁白串词，再分组练习
12	演出	各组依旁白表演，一期活动结束。也可在全校正式演出

（2）进阶课程通常以某个主题（如树、某个物品），或某个故事，或某个特定能力提升，或以呈现为目的来规划课程，这里就不一一举例了。不管哪一类课程，结构大致相同：先以身体和声音，或角色和情节等活动为主，接下来用一两次时间排练，最后一次演出，呈现创造性戏剧活动结果，作为

本期创造性戏剧活动的一个结束。

（3）每一次的创造性戏剧课程，也有一个单堂课的课程结构。其活动流程如下：仪式活动—暖身活动—主活动（进入活动—分组讨论与练习—各组表演—大团体讨论—各组改进—再表演）—离开活动—回到现实—结束活动。

仪式活动：仪式性活动，一般是一些重复简单的活动，比如唱一首歌、彼此问候一下等，目的是让参加的成员收敛心神，聚焦到现场的人和事上，做好上课的准备。仪式性活动的形式可一直维持不变，让参与者有一个稳定的开始从而获得安全感。

暖身活动：为接下来的主活动做一个铺垫，也可视为对主活动的预告。所以暖身活动的内容可从主活动中找到一个元素简化后形成暖身活动。创造性戏剧活动需要大量的身体活动，而身体可以自由地运用，则需要一定时间的准备，因此，一个长期的创造性戏剧课可有两种暖身活动。一种是固定的暖身活动，如变变变，或走走停停，让参与者的身体自由即兴地运用；或抓人活动，让身体或团体动力强起来。身体准备好了，团体动力也提升了，就进入为主活动做准备的暖身活动。

主活动：主活动可分成同个段落进行。一般是主教请助教协助示范今天要进行的活动，多示范几次，同时穿插请学生当志愿者示范，直到现场所有人都清楚要做的事情。两人一组练习，再分组表演。同一主题三人一组讨论练习，表演。回到大团体讨论，再分成两大组或多个组讨论练习，表演。

离开活动：可根据不同主题决定离开戏剧活动的离开形式，也可是一个固定的活动形式帮助大家从戏剧世界中离开。常用的是念一段熟悉的"话语"代表离开。

回到现实（结束活动）：跟开始活动一样，需要一个固定的结束形式让大家有安全感。一般的结束活动就是对当次活动的一个简单回顾，各自分享内心感受。

向阳中心青年部单堂身体开发类创造性戏剧课设计

活动阶段	活动名称	活动内容
仪式活动	点名	主教用固定节奏依序拍肩、肚子、腿,大家跟随。每当拍完腿后,主教会叫其中一个人的"艺名",被叫到名字的人做一个造型动作。重复直到所有人的名字都被叫到
暖身	跟随领袖 大风吹	主教先出领袖,大家跟随领袖做一样的动作,当领袖的人可再把领袖位置传给另一个,领袖带大家做任何想做的动作,以此类推 主教念大风吹,大家问:吹什么。主教:吹戴眼镜的人。现场戴眼镜的人就要交换位置。以此类推 延展活动:吹房间里的某个物品,如箱子、球,大家要在现场找到这个物品,放在屋子的中间
进入活动	黏土	主教从刚刚的物品中选一个物品,请一名志愿者(通常是助教)当黏土,把这名志愿者的身体雕塑成这个物品的样子。重复 同时可请现场的人上来对做好的作品进行再改变。重复
主活动	雕塑家	两人一组,一人当雕塑家,一人当黏土。选一个物品,雕塑家把黏土雕成物品的样子。每一组参加别组的雕塑 三人一组。讨论选择一个物品不让其他人看到。一个雕塑家把另外两个人摆成这个物品的样子 分组表演。大家猜是什么物品,猜不到的,可以请物品发一个声音,还猜不到,雕塑可以请物品移动做出这个物品的功能。比如:如果是箱子,雕塑家就打开盖子,往里面放东西 团体分成三到四组,请大家讨论从物品中选择出一个物品 各组练习摆雕塑,同时可配上该物品的音效。比如玩具火车 分组表演
离开活动	咒语	大家念口诀:天灵灵地灵灵我要变回我自己。老师逐一点本名

续表

活动阶段	活动名称	活动内容
回到现实 结束活动	打包	主教请大家一起回顾刚才做了哪些雕塑,做的时候心情如何,有什么感受。所有人分享完成后,主教视情况,选择其中一个做。请大家把不好的感受、心情放房间中间,大家一起从四周把它裹起来,包得越来越小,最后一起喊1、2、3让它飞到外天空去 或者　有许多好的感受、好的心情,也放在房间中间,大家一起从四周包起来,包得越来越小,然后一起拿起来放在手心里揉一揉放进自己心里,最后一起喊1、2、3下课了

（三）"创造性戏剧"在童剧团的运用

"创造性戏剧"在童剧团的运用共有四种形式。　初期,直接把创造性戏剧的一些活动安排在剧场排练时的暖身活动中,希望借此让童剧团的演员们的身体与声音发展出更多的可能性,从而提升表演的空间。　可是我们还是要承认一个现实是:障碍者,包括老师们都不是专业的,身体与声音的开发还存在着诸多限制,因此剧团领导者要不断地思考:演出是为谁?　是为什么?　同时要提供演出形式的更多可能性。　比如可以把创造戏剧课程的教学过程录制下来,编辑成有故事情节的视频,以视频播放的方式替代正式演出给团员们的压力,又或者把团员们即兴创造出的动作赋予意义编排进剧场表演中。　而创造性戏剧进阶课程的说故事戏剧形式,让演出的形式有了更多的可能性。

1.创造性戏剧活动运用于暖身活动

在童剧团的工作流程中,排练是一个重要的环节,也是占时较多的环节,排演的结果对正式演出至关重要。　每一次的排练也有一个重要的结构。其流程如下:仪式活动——讨论有关演出事情——暖身——读剧本——剧场布置,一小时针对性排练——再读剧本——场地收拾。

排练也需要如创造性戏剧课程一样的仪式活动。　向阳童剧团排练周期的仪式活动来自洪祖玲老师带领戏剧班学员排演时的仪式活动：一边唱儿歌《洗手绢》，同时双手在胸前做合拢扩展的动作、双脚交替跳起踢屁股，一边围着剧场绕圈。 其间可改变歌曲的快慢大小以调整成员们的团体动力，简单而有趣。 这个仪式活动至今未变。 久而久之，团员听到这首歌就知道演出任务来了，要进入排练状态了，并据此做出相应的行为与情绪反应。

暖身活动是启动后面排练的关键。 剧场的暖身活动可简单地分成三种形式，暖场—提升团体动力、暖身—让身体准备、暖声—让声音准备好。 不同的剧目、不同的排练内容，会选择不同的创造性戏剧活动作为暖场、暖身、暖声的活动。

1）暖场

简言之，就是调整提升团体动力。 活动有大风吹，捉猫，冰糕化了。

活动一：大风吹。 大家围成一圈，主教老师说：大风吹。 大家要问：吹什么。 主教老师答：吹长头发的人。 长头发的人就要互换位置。 主教可以根据组员的外部特点，发口令。 如戴眼镜的人，短头发的人，穿红衣服的人，黑裤子的人等。

活动二：捉猫。 一人当猫，去抓大家，被抓住的人在旁边休息，或者变成猫，一起去抓大家，最后所有人都休息或所有人都变成猫，再换人当猫。也可限制大家躲的空间。

活动三：冰糕化了。 一人当猫去抓大家，在快被猫抓住时，被抓的人可以喊冰糕并定格，则猫就不可以抓他，只能去抓其他人。 当猫走开后，被冻成冰糕的人可大喊一声：化了。 又可以加入追逐的人群中。

2）身体开发与控制

（1）常用的活动：变变变和走走停停。

活动一：变变变。 主持老师拍铃鼓，大家跟着铃鼓的声音在排练空间里任意走动，鼓声快，大家快快走，鼓声慢，大家慢慢走。 鼓声停时，大家停止动作，老师说：变变变。 大家问：变什么？ 老师任意说出想要大家变的内容。 比如动物、生活用品、食物。

等大家了解规则后，老师可以把铃鼓交给学员即赋权给学员，由学员带领大家做变化。这个活动的好处是，可以快速切入接下来要排练的情境。比如，布莱梅乐队中，有四只动物，老师就可以借助变变变这个活动，变出相应的动物，引出主题，大家由此逐步进入对四只动物的想象中要排练的任何主题，都可以借由这个活动带出来。

学生对活动进行的方式越熟悉，就越能够掌控自己，在此基础上学生才有余力做一些创造性的东西出来。

活动二：走走停停。玩法是借助《走走停停》这段乐曲，有音乐时大家在剧场内任意走动，音乐停时，大家要摆出一个造型定格。

这个活动可从多个角度延展，比如音乐停时，两个人摆一个造型，三个人摆一个造型。也可以在每次音乐停时两个人身体的某部分碰在一起，如头碰在一起，膝盖碰在一起。也就是说，在每次停顿时给大家一个需要创造的主题，如今天停的时候要摆出运动员的姿势，或者摆出某个职业工作人员的姿势等，而这个主题可以是接下来要排练的主要内容，以顺利进入接下来具体剧情的排练环节。

每次要进入新的主题时，可以先请大家看相关的具体物品和造型。例如，主题是运动员造型，可让大家先看运动员的照片，老师示范几个典型的运动员动作大家模仿，然后请学员轮流示范不同的运动员动作，大家再模仿。这样，同一个主题，在没有压力的玩耍气氛中，每一个人都会看到、体验到乃至学到一些跟自己不一样的动作模板。经过这样有趣的反复练习，团员们会累积越来越多的动作模板，为创造新的动作打下基础。

（2）借助物品：在暖身活动中借助物品（道具）开发身体也是一个很好的策略。在开发身体的活动过程中，除了活动本身的特点以外，往往还可以使用不同的道具让身体发展出更多的可能性。例如呼啦圈，把呼啦圈从头套到脚再传给下一位，在这个过程中，身体会因应呼啦圈而不知不觉地出现不同的体型。常用的物品有伞、弹力布、呼啦圈、绳子、弹力绳、长短不一的木棒等。这些物品的使用会给身体更多的感觉刺激和回馈，协助身体做出更多空间、更多质地、更多形态的动作。

（3）利用知-动的弯曲动作促进身体开发与控制：在身体开发与身体控制环节，还有需要特别书写一笔之处，即把知觉-动作中骨盆与下肢阶段的弯曲动作——移动的跪走、蹲走、蹲跳和静态的高跪、半跪、蹲姿等设计成有趣、有意义的戏剧暖身活动，这些动作可促进身体的协调性与动作控制的稳定性。比如"鲨鱼来了"，听到"鲨鱼来了"，大家要蹲跳着"逃跑"，同时蹲跳着"逃跑"的人就可以上岛躲避，站直跑的人则要被鲨鱼"捉住"；玩"1、2、3，木头人"时，当听到"木头人"时大家都要变成半跪姿势定格；玩"怪兽捉人"时，大家慢动作逃，怪兽则跪走或半跪走去捉人，也可反着进行，怪兽慢动作追，大家跪走逃。或者大家在快被怪兽追上时变成蹲姿，就不会被怪兽捉。

3）声音的开发与运用

活动一：回音谷。玩法是请所有人站成一个半圆，先由排头的主教老师发一个音，旁边的人用更大或更小的音传给另一个人，把声音传到另一头的人。等大家都熟悉后，可由任意一人站在排头，发任意一音，再依序把声音传给另一头的人。

活动二：指挥家。主教说明规则：指挥的手往上声音高，往下声音低，往旁边声音大，往中间声音小。请大家选一个音，跟随指挥的手势改变声音的大小高低。大家可轮流当指挥，发的音可从单音延展至台词。

活动三：声音隧道。玩法是讨论待排的剧情里的场景里可能有些什么声音，大家选择好各自要发的声音，排成两列。再轮流走过队列，听不同的声音。该活动也可延展成：大家可选择自己相关角色的典型台词组成声音隧道。

白娘子的故事家喻户晓，也是童剧团演员们的最爱之一，其中伞是一个很重要的道具，如何让演员们，特别是两位主演对伞有更多的感受和认识，在暖身活动中便加入了打伞的不同造型和用不同身体姿势传递伞的创造性戏剧活动。

下面以《白娘子》一剧游湖借伞片段为例。

游湖借伞活动设计

活动主题	活动名称	活动	目的
暖身活动	走走停停	主教播放乐曲《走走停停》,大家跟随音乐在剧场任意走动,当乐曲中停止时,大家做出各种造型定格。 第二遍主教说明规则:音乐停止时,大家要摆出打伞的造型。 第三遍主教再次说明规则:音乐停止时,大家要两个人一起摆出打伞的造型	培养演员对信号的注意力和反应,并能定格自己身体
身体控制	传递伞	主教请大家在剧场表演区找到一个自己喜欢的空间,再拿出一把伞,说明规则:请大家脚不离开自己的位置把伞传给离自己近的人/离自己远的人。 大家熟悉规则后,主教播放《白娘子》插曲,大家跟随音乐,传递伞。 大家围成圆圈,主教把伞放在圆圈中,说明规则,大家轮流到圆圈中跟随音乐玩伞。 主教请大家两人一组分组,跟随音乐自由玩伞	培养演员控制改变、认识、丰富自己身体活动
声音开发	回音谷	大家站成半圆,主教请站排头的人任意发一个音,后面的人模仿这个音,但音量要更大一点(或更小声),把这个音传递到另一头。一次传递完成后,大家可任意交换位置再由排头人起音传递。 请排头人选择自己在剧中的某一句台词,请大家以更大音或更小音传递到另一头。 主教站排头,传递台词:官人、娘子。 主教请官人和娘子的扮演者站排头,传递该台词	培养演员控制自己的声音,敢于发言,理解、记忆台词
结束活动	组合船	所有人的身体连接在一起即兴创造出一艘船,跟随《白娘子》的音乐有节奏地摆动身体,两位主演进入船中,转动手中的伞,做各种造型至音乐停。为即将开始排练的游湖借伞片段做准备	

2.创造性戏剧活动创作运用在表演剧目里

童剧团为了呼应向阳中心圣诞节活动，曾排练过一出剧《阿拉丁的圣诞夜》，该剧的剧本创编和部分场景的排练，直接选取了创造性戏剧进阶课程里的相关活动，换句话说，就是每一次的排练活动，就是一节进阶创造性戏剧课程。再把活动中创作的结果，编排进该剧的演出场景中正式演出。

该剧有一个场景是谈各自的愿望，有一个角色的愿望就是"吃好吃的"。进阶课程中有一个有趣的活动：身体机器。剧团用了两至三个排练日进行创造性戏剧活动，团员们在该活动中用身体即兴创作出一部食品贩卖机器，这部食品贩卖机后来是整出剧的引子活动，在正式演出时呈现给观众。

《阿拉丁的圣诞夜》活动设计

活动主题	活动名称	活动
暖身	变变变小家电	主教说明规则:拍铃鼓,大家跟随鼓声在剧场任意走动,鼓声停,主教说:1、2、3,变变变。大家要问:变什么? 主教答:变吹风机。 重复几次,可换人拍铃鼓指挥大家变成任意想要变成的人
身体	雕塑	一人变成雕塑,主教示范把该人变成刚刚变过的某个小家电。 二人一组变生活中常用的小电器。 三人一组小机器。 全体分两组变自动贩卖机
声音	食物贩卖机	请两个机器为自己的机器选定一种声音,主教当贩卖机的食品,机器的声音大,出来的食品就大,机器声音小,出来的食品就小。 机器声音快,食品出来的速度快,声音慢,食品出来的速度慢。 可换人来当食品,主教老师则去填补空位
想	隐形食品	大家围成一圈,传隐形的铁球,越传越重,最后把大家压垮在地。 重复传饮料瓶,越传越重,最后把大家压垮在地上。倒地的时候大家要发出汽水从瓶里蹦出来的声音
分配角色		大家选好自己的角色:机器的某个部件? 投币的人? 食品?
练习		分别练习,整体练习
演出		加入整部剧的演出中

3.运用创造性戏剧进阶课程排练并演出

在创造性戏剧课程的进阶课程中，有不同主题、不同形式的课程活动。比如与音乐结合的音乐立体画，以某样物品或某个情境为主题的报纸事件、图像与故事等活动。有以某个特定能力提升的课程，也有以呈现为目的的课程活动。每一个活动如果把它由简单到复杂逐步铺呈，一点一点地叠加起来，加上道具、服装、音效、剧场灯光，稍做排练就可以演出。

以呈现为目的的《年》活动设计

课次	主题	活动名称	活动过程
1	基本表演练习 剧情	1.大爆炸 2.入戏立体故事书 3.结束活动	1.大家围成大圆圈,主教拿出来道具鞭炮。 说明规则:请大家依次把鞭炮传给旁边的人,拿到鞭炮的人,可继续传,也可大声喊"过年啦",同时把鞭炮扔到地上。大家听到"过年啦",一起模拟鞭炮爆炸的声音"嘣",同时互换位置。 2.主教出示自编的年兽故事书,讲年兽的故事。 全体用身体创造第一、二、三、四页的画面。 分组讨论练习:各组选择自己组要创作的画面。 分组呈现:各组依故事顺序依次上场呈现画面。 3.把故事书装订好放在篮子里,点名下课
2	基本表演练习 环境	1.大爆炸 2."机器"工厂 3.布置"加工厂"	1.暖身活动同上。 2.讨论过年前要做哪些准备? 从讨论的内容中选出"做汤圆、杀过年猪、做腊肉、灌香肠"。 分组:各用身体组合以上加工厂的加工机器,或食品加工过程。如"汤圆加工厂"等。 3.各组表演: 各组用现场物品布置加工厂环境,各组表演。 分配各组出场顺序,再依出场顺序表演

续表

课次	主题	活动名称	活动过程
3	基本表演练习 角色	1.大爆炸 2."年兽"捉人	1.暖身活动同上。 2.以剧场表演区域为界线,老师先当"年兽",大家只能在表演区内躲避。再换任意一人当"年兽","年兽"可选任意一移动方式让大家逃。如慢动作逃或趴着逃。"年兽"即兴用各种方式追逐大家。 分组:以"过年食品加工厂"为组,各组讨论躲避"年兽"的各种方式。 表演:大家自荐"年兽"再决定一个配合各组表演。各组按上次的出场顺序加入这一次的动作表演
4	基本表演练习 对话	1."年兽"捉人 2.回音谷	1.暖身活动改为"年兽"捉人。 2."年兽"即兴发一个音,大家依次传递。大家可当"年兽"任意讲一句"年兽"想要讲的话。大家依次传递。 传递的过程中,声音可越来越大,也可越来越小。 由各"加工组的人"派一个人,即兴发音或讲话。大家传。 分组:各组讨论"年兽"来的时候要发的音或讲的话。 表演:从自荐"年兽"中选一个配合大家表演,表演时加入分组讨论时或暖身活动即兴时的"台词"
5	确定角色	1."年兽"捉人 2.回音谷 3."甄选"演员	1.暖身活动:暖声活动。 2.活动主教事先把大家昨天即兴的"台词"写出来。回音谷活动后,发给大家,大家一起念。 3.请大家各自准备自己想要表演的角色,一一表演,确定角色
6	排练		暖身活动和暖声活动不变。 依以前出场顺序,依次表演

续表

课次	主题	活动名称	活动过程
7	排练		同上
8	制作 服装道具		暖身活动和暖声活动不变。 分组制作需要的道具、准备需要的服装。 有些服装、大道具也可由老师先做成半成品
9	带道具服装 排练		同上，并调整服装、道具
10	技排		加入音效、灯光，对表演做一些微调。 比如跑的位置、加工厂与音效卡点的配合等
11	彩排		无观众演出，拍宣传剧照
12	演出		有观众的演出

4.运用进阶课程中的说故事形式排练绘本故事

说故事的形式取自说故事剧场，一人说故事，所有成员既是演员，又是观众。当说故事的人说到某个角色时，该角色出场表演，当角色不在故事中时，就退到场下当观众。当说故事的人说到某些场景时，大家需要通力合作，制造音效或道具，协助表演。而童剧团运用这样的方式排练《布莱梅乐队》时，排练过程变得有趣好玩，其中学员们的即兴创作也为剧情平添了不少的活力，如母鸡下蛋、艰辛的路途以及与强盗的打斗等画面，就来自团员们的灵感。

《布莱梅乐队》活动设计

课次	主题	活动名称	活动过程
1	讨论演出剧目	主人与仆人说 故事	两人一组，一人当主人一人当仆人，主人可向仆人 提要求，仆人要满足主人的要求。 主教说故事，说到不同的角色时，请愿意的人上来 表演。讲完故事后，请大家分组，各自在组内练习 角色。分组表演

续表

课次	主题	活动名称	活动过程
2	故事人物与事件	故事中的动词	主教再次讲故事,并介绍各角色,以及各角色的主要动作。 分组:主教依角色,把大家分组,讲到某个角色时,该组人员就要做相应的动作。 重复,但动作增加。 大家回到大圆圈,主教与大家确认各角色,主教再讲故事,该角色做相应动作
3	选角		各个角色与音效角色。 请大家各自准备自己想要表演的角色,随着主教讲故事一一表演。 确定角色
4	排练驴子	故事中的动词	分别创造四只动物的动作、对话、情节。 跟随说故事人的描述,做相应的动作、声音等
5	排练老狗		
6	排练母鸡		
7	排练猫		
8	排练旅途	走钢索	主教在剧场地上贴一条红粗带子,大家分别走过去。用不同动作、不同身体部分走。 在有水的地面上走、在泥地上走、在雪地上走,大家随着说故事人的叙述,走出不同的动作,说故事的人也可随机依表演者的动作讲述
9	排练斗强盗	打斗	每一个人先与一个看不到的人打。 两个人一组打斗,但不能碰到对方身体。 两个人加入想象的武器打斗。 三人一组,两个人打一个人。 五人一组,四个人打一个人。 各角色进入角色,动物分别与强盗打斗

续表

课次	主题	活动名称	活动过程
10	排练结局	房间	每一个人轮流上场把强盗的房间改变一下,变成自己喜欢的样子。 每一只动物轮流上场改变房间布置。 说故事的人说情节,每一只动物再跟随说故事的人说到的情节,分别上场把房间变成自己喜欢的样子
11	制作服装道具		由老师先准备好道具或服装的半成品,分组制作需要的道具,准备需要的服装
12	带道具服务排练		同上,同时依据需要调整服装、道具
13	排练灯音效		剧情排练,同时加入音效、灯光的点。
14	技排		演员、音效、灯光三者边表演边协调。
15	彩排		没有观众的演出,拍宣传剧照。
16	演出		说故事的人说故事,演员们表演剧情

以上几种方式是创造性戏剧在青年部童剧团后期运用的一些说明。 在童剧团运行到中后期时,向阳中心编辑整理了《戏说特教》初稿。 在这一版中,李宝珍老师用了一些笔墨提问了身心障碍青少年组成的剧团的一些发展限制的思考。 其中比较重要的几个思考面向是:"戏剧需要观众,由特殊青少年组成的剧团拿什么吸引观众? 剧团的投入与机构的经济之间怎么平衡? 剧团生活对他们生活的真正影响是什么? 真的能帮助他们找到他们生命的意义吗?"针对这些问题的思考一直伴随和引领着剧团的排练与演出,也因此才更重视"创造性戏剧"在剧团的排练与演出的功用。 就剧团的一般性表演形式来说,演员不又需要说大段的台词,还要能驾驭跟随剧情流转的表情和情绪,以及相应的肢体动作,其中还有一个核心要点是要了解剧情。 这些要求对童剧团的身心障碍演员们来说是莫大的挑战和限制,而创造性戏剧恰恰

可以弥补这些挑战和限制，带来表演上的精彩。 比如，老师可以用创造性戏剧的基本活动或进阶活动来进行创造性戏剧活动，最后依所进行的活动特点把活动串联起来，加上简单的服装道具就可以进行表演。 也可以把平日玩的暖身活动，组织成一出半即兴的演出剧目，同时加上剧场的灯光、音效、道具、服装等，其结果便是一出"剧场"与"创造性戏剧"相得益彰的精彩好戏，更重要的是童剧团的演员们能在"创造性戏剧"中运用自己所能开发出自己所想，在"剧场"的烘托下，让自己的所想与所能得到最大的展现。

智障青年要具备演员的能力和气质，需要长期的熏陶，许多机构让学生演出只是一时，若真要帮他们以戏剧滋润人生，那么必须长期经营。 如果读者关心特殊青年如何成长为剧团演员，可以参考附文《璞玉居的日子——教育戏剧教学法的原理与应用》。

附：璞玉居的日子

——教育戏剧教学法的原理与应用

梁英

璞玉居的日子是如何过的呢？ 他们与其他人的日子有什么不同吗？ 让我们揭开层层篱笆慢慢看来。

首先，璞玉居的日子应该是生态的、环保的。 人类发展的生态观强调，人类发展的生态环境是否能持续发展，不取决于环境或人类，而取决于两者在其间互动的结果。 在人类为所谓的社会文明进程付出代价的反思中，处于生物链金字塔顶尖的唯一会反省的动物——人类，开始提倡一种耗用地球能量最少的环保生活。 也因此，当向阳中心又有三位学生毕业时，我们试着为他们提供了受评山庄的农家生活，因为在目前的生活现状里，相对来说，农家生活是耗费地球能量较少的一种生活方式。

其次，璞玉居的日子应该是健康的。 青春期的唐氏综合征患者，因心脏功能不好、肌耐力不够、视力等原因，健康堪忧，而一些自闭症、过动症、智障患者等，进入青春期后，要么因为精力过剩与社会环境产生更多的冲突而导致情绪不稳定，要么因为疏于运动使体重过轻或过重，影响其生活。 从个案的立场出发，璞玉居的日子必定要以健康为主。

在成人服务社区安置的发展，由隔离的到有生活品质保障的社区家庭安置的趋势中，注定了璞玉居的日子应该是使个案能独立生活的。 当个案不具备独立生活的技能时，要想办法提供支持，使其能以自己独有的方式，独立生活其间，并能在自然状态下参与社区生活。

由此看来，璞玉居的生活目标一定是：稳定心灵、专注心志、锻炼体魄、发展个人才艺、提高生活自理、丰富生活经验。

为达成此系列目标，我们所应用到的策略包括，选择过渡型的社区生活形态，采用戏剧人生，晨练瑜珈，暮来打坐，自食自煮……不一而足。

运用正常化生活的要素，我们找出了璞玉居的生命韵律：周一至周三在受评山庄过农家日子，周四至周五在向阳中心过戏剧工作者的日子，周六、周日回到各自的原生家庭，承欢父母膝下，尽享亲情。 当然，正常化生活要素里还有一条——让个案有机会经历生命中正常发展的各个阶段。 所以，明年、后年，将来璞玉居的日子要如何过呢？ 又有怎样的生命历程在等待着璞玉居的成员们呢？ 将来事将来说，让我们暂且过好现在的日子吧。

四季的作息：春踏青，夏游泳，秋赏菊，冬腌腊肉好过节。

一月的作息：受评山庄特教培训班办班的整理，开班后服务，山庄建设，拜访当地农业专家、手工艺人，做农活，换洗床上用品，待客，外出——写生、摄影、欣赏四季风景、爬山，看星星，露营，到镇上放露天电影。

一周作息：乘公乍，赶集，购买食品，手工—— 做道具、写书法、画画、利用山上材料进行创作，做标志牌，上网，背诗词，到地里摘菜。

一日作息：个人卫生，三餐，晨练，排戏，击鼓，休闲——散步、听音乐、唱歌、表演、打牌、看电视、弹琴、打坐、写日记。

"当家的"与"大厨"。 国不可无君，家不可无主，璞玉居的日子不可群龙无首。 每周自愿出任的"当家的"，在充分享受吃什么菜、什么时候吃饭、买什么东西、做什么事情、去哪里游玩、玩什么等一系列的决定权力时，也必须同时担当起泡茶、倒垃圾、关门闭窗等一系列为大家服务的重任。 真应了那句：有多大权力就有多少责任啊！ 民以食为天。 当"当家的"为他的权力自喜，为他的责任忙碌时，每周自愿出任的"大厨"却不动声色地用山庄后院小菜和"当家的"做决定买来的菜，把璞玉居的饮食打理得简单却不失健康营养。 当然因为"大厨"的技术还有待提高，切出来的菜免不了形状怪异，让人啼笑皆非，但一定未失绿色天然本质。

璞玉居的日子，在"当家的"的带领下，在"大厨"的调理下，就这样有滋有味地过了起来。 看到现在，你是否也想尝试着过这样的日子呢？

璞玉居生活能力表

生活领域		能力	备注
独立生活能力	个人卫生	洗脸	
		洗澡	
		洗头	
		刷牙	
		洗脚	
		洗内衣裤	
		洗袜子	
		洗外套	
	整理房间	扫地	
		拖地	
		擦桌椅	
		个人物品摆放	
		叠被子	
		整理床单	
		换床单、枕头套、被套	
		洗床单、枕头套、被套	
		铺床	
	饮食	计划吃什么	
		购买	
		摘菜	
		洗菜	
		切菜	
		准备调料	
		煮饭	
		炒菜	
		餐前准备碗筷	
		清洗碗筷	
		清洗锅	
		清理灶台	
		清理桌面	
		清扫地面	
		厨具归位	

续表

生活领域	能力		备注
社区生活	使用交通工具	乘坐公共汽车	
		乘坐轮船	
		乘坐三轮车	
		乘坐出租车	
	使用社区资源	镇上小商店购物	
		农贸市场购物	
		大超市购物	
	使用金钱	算账	
		保管金钱	
		计划用钱	
	社区活动	演出	
		拜访专家	
健康与休闲	生理健康	做瑜珈	
		剧场暖身	
		打坐	
		爬山	
		健康体检	
	休闲	桌上游戏	
		看电视	
		上网	
		照相	
		写生	
		绘画	
		写毛笔字	
		竹编	
		背诗词	
		听音乐	
		唱歌	
		旅游	

续表

生活领域	能力		备注
办班帮助准备工作	清洗	浴室	
		各房间厕所	
		脸盆	
		垃圾桶	
		各房间门、窗	
	清扫	各房间地面	
		各教室地面	
	摆放物品	摆放各房间常用物品	
		摆放各房间床上用品	
	帮厨	摘菜	
		清扫厨房地面	

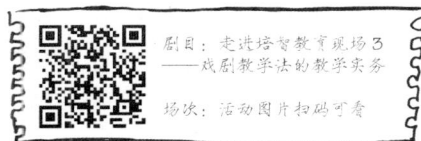

剧目：走进培智教育现场3
——戏剧教学法的教学实务

场次：活动图片扫码可看

谢

幕

告别人生的第三个信封

——十周年专辑十年感言

李宝珍

　　来过向阳中心的朋友大概都听方武老师说过四个信封的故事。 他说："上天非常公平，他给了每个人四个信封，在人生的 20 岁到 60 岁，我们每十年都拆开一个信封。"我和方武就在要拆开第三个信封时，做了一个决定："离开台湾，到重庆创办向阳儿童发展中心。"一转眼，我们用掉了这十年，现在我们即将拆开这人生的第四个信封，也是最后一个信封。 我们要这信封里有什么？ 这是最后一个献祭我们生命的机会，我们怎么在用完所有信封、告别前线的时候，心满意足地说："太好了！"

　　感谢我们在大陆的十年间出现在我们生命中的朋友：张宁生老师，我们认识的第一个大陆的特教学者，经由他的引荐，我们才得以结识其他的伙伴；朴永馨老师，中国特教的风骨，在他身上我们认识到特教本土化的重要性；汤盛钦老师，我永远忘不了他说"在向阳中心，我才实地看到 IEP 是怎么展开的"时给我们的鼓励有多大。 两个协作单位：重庆师范大学儿童智能发展研究中心及北京海淀培智学校，十年来与我们同舟共济。 重庆师范大学如今已成立特殊教育学院，许家成老师和张文京老师可以说和我们共享了人生的第三个信封，北京海淀培智学校的前后任校长马廷慧老师和于文老师能在我们初到大陆时充分地信赖我们，以至于北京海淀培智学校在成长了一批新型的年轻老师后，飞快地跑在我们前面，我们永远以北京海淀培智学校为傲。

　　中国第一个为智力障碍人士奋斗的民间机构前辈孟维娜女士，虽然她年纪不比我们大，但她是我们心中永远的勇者，早在我们来大陆之前，她不知已在中国大地洒下了多少无怨无悔的心血，她创办慧灵已二十年，顽强奋斗、踽踽独行，我常在怀疑：她的今天会不会是我们的明天？ 一种悲壮之情油然而生。

可能由于我们的"台胞"身份，向阳中心得到当年教育部王洙、周德茂两位领导的关注，使初来乍到的我们感觉到当地政府大方的气度。 1996年，那时在大陆能见到的台湾同胞不是汲汲营营的商人，就是老态龙钟的探亲客，都不能代表真正的台湾同胞。 我们那时来重庆开办智力障碍儿童教育，确实有点想让大陆同胞认识什么是真正正义热情的台湾同胞的心情。 到今天为止，我们不知是否做到了这点，但我觉得当初王处长和周处长是看到了这点的。 后来，江津市教委在我们向阳中心办学的事业上给予无条件的支持，多少也是因为他们看到了两个台湾同胞的无私与特教情怀。 十周年之际，我们必定要向他们的胆略致意！

清华大学 NGO 研究所是我们接触到的第一个中国知名学府中的研究单位，和王名所长、邓国胜老师的一次拜会后，方武向我说："果然是清华大学的教授。"和《中国发展简报》的高飏总编辑一样，他们都是把中国的 NGO 推上世界舞台的推手，也是把 NGO 的世界规范引进中国的灵魂人物。 向阳中心的有些做法与想法是得到他们肯定的，但是向阳中心现在致力追求的，可能又是非常传统的——传统中国的思想和世界规矩有什么不同呢？ ——"儒者难进而易退"，中国的知识分子讲求原则而非规则，先哲所谓的"无规矩不足以成方圆"的规矩也不过是自己安身立命的几个信念而已。 从这个角度看，刘求实老师在文章中提到的"认真"和"敬畏"是中国许多 NGO 第一代创办人的写照，而非仅"魅力"一词可以解释。

香港嘉道理基金会是我们到重庆来第一个遇到的香港 NGO，基金会的工作人员李建民先生，我到现在仍不知他在嘉道理的职称，但在后来接触到许多为 NGO 工作的聪明绝顶的员工以后，特别令我们怀念李先生的赤子之心。在一个他承办的几乎全用英语的会场里，他一直保持对两个说中国话的台湾同胞的尊重和协助，虽然十年来我们只相处了两天，但我仍要大花笔墨表达一下对这种人与人之间的自重与互重的珍惜。 而这原本也是中国传统的美德。"人必自侮，而后人侮之"，如果我们不心疼自己流落在街头的残疾孩子、弱势人群，需要外人去倡议、支持，同时要求他们维持一种平等、敬重的心态，容易吗？"平等合作、真诚共享"真是世界上所有 NGO 成员的第一项修炼！

在见识到两位终身从事聋教育及智力障碍教育，并于退休后还在为特殊学生奔走的老校长的教育精神后，我们懂得了什么叫"师表"，什么叫"师长"。只有在中国的土地上才能孕育这么豁然大气、诲人不倦的教育工作者——成都的曹照琪校长和蔡明尚校长，我多么希望现代中国的年轻老师们到老了、退休时，也能对教育所标榜的一切美德保持不变的敬意！

所以，我们终于发现，为什么受评山庄的师资培训会有这么多的期待和要求。"物以类聚，人以群分"，我永远难忘那到过受评山庄参加研习的年轻老师对教育理想的渴慕和赞赏，永远挂怀他们回到单位后的发展。

是的，对教育的理想，最终都指望在我们身边的年轻老师身上。天道循环，一代人有一代人的使命，我们的下一代将如何开创中国特殊教育的局面？我不禁想到徐胜——重庆师范大学许家成、张文京老师的第一代弟子，十年蜕变，她准备好迎接师长的志业了吗？她和周边的许多年轻的科研同仁怎么在现有的基础上，发扬优良的传统，创造中国特教无人能侮的荣光？

向阳中心原始的八位年轻老师是我们全心全力、用尽身教言传带出来的，他们的脑子里有我们灌输给他们的教育理想和人生价值观，我们期望人类一切美好的情操都在他们身上显现，人生一切美好的信念能伴随他们度过生命的每一道难关。我们不知道这丰收在何时？但随着服务的扩展，向阳中心逐年增加了许多新手，一个比一个年轻的生命，向阳中心第一代老师能像我们当初带他们一样地去带他们的后进吗？他们将以什么样的生命面貌去影响新的生命呢？我想，这只有等他们自己打开自己人生的第三个信封时才能知道了。

感谢上天赐予的这第三个信封，感念许多在这十年中走进我们生命的人——还有许多人不写了，例如在台湾的许多支持我们的朋友，例如……往事一幕幕走过。 最后，要说的是："因着，我们对人类的永恒的爱以及对自身能力的无限追求，我们享受到了这丰美滋润的十年特教时光。"——原谅我一笔也没有写那些我们心中最爱的学生，因为，公平地说，我们这十年是为了自己，我们没为他们做什么！

一切待续……

"人的一生是一个追寻生命意义的过程"，

特殊教育就在捍卫每一个特殊儿童也有寻求他个人生命意义的机会！

每个人的生命意义，只有等待他自己去诠释……

十年轮回

梁英

有关十年，似乎有许多的话题，比如十年树木，比如十年寒窗，比如十年磨砺，再比如十年信封……不胜枚举。 十年似乎一切都该有个结果了，要么栋梁参天功成名就，要么蟾宫折桂苦尽甘来，要么利剑出鞘笑傲江湖，要么……还有一首俗得不能再俗的歌谣：十年之间两人可由陌路到情人再到陌路。 总之十年似乎该是人生一个片段性的轮回，一个片段性的"盖棺论定"了。 当然，这个"论定"是为了下一个更好的"轮回"，其言亦哀？ 亦善？

"遥"想当年，长江岸边，她——一个被关上了生活大门的自闭的女孩，她——一个悲苦低微的母亲，她们——一群"雄姿英发"中带着青涩的人们，开始了"命定"的相遇。 虽心怀各"异"，却一同踏上了漫漫征程。 有先行者指引前行的方向，描绘沿途的风景。 亦步亦趋，她们随着先行者的脚步走着，走着。 从最初期的高度结构化的课程，走到现在高度开放的生态课程、戏剧人生，整整走了十年。 她不再悲苦，上天借她们之手，以课程作法，为她——自闭的女孩，打开了一扇窗，透过这扇窗，她可以眺望这个她不得不来的，但又全然陌生的世界，慢慢地，她还透过这扇窗与这个世界的人握手言欢。 青涩渐退的她们，也试着运筹帷幄，虽然妙计有失周全，剑法稍欠圆融，但这或许是另一个十年的起点。

十年，在前期的常规养成中，她的言行，尽在她们温柔的掌控中，她的行为被她们专业的前因后果制约着，她朝向她们既定的方向走着——变得专注、听话。 在以生活为核心的课程时期，她在她们为她精心设计、安排的环境里，一小步、一小步从容学着生活所需的技能、知识，养成一些做人的基本态度、素养。 她——变得能干、懂事。 在生态课程时期，她在她们坚定的信念下，在她的同学——三个活泼的唐氏综合征，两个可爱的脑瘫孩子的陪伴、协助下，有惊无险地平安度过了最初的混乱期。 随着在尽量多地接近真实生活环境中，与环境互动的量的增加，质的提升，面对真实生活的时候，她也懂得一点点收放之道，偶有狡黠流露，让她们穷于应付却也惊喜交织。 自闭的她——终于有点"懂事"了。 在戏剧时期，她是那么地乐于站在舞台上，尽情地享受着被观众关注的感觉。 她太投入这样的演出，以至于没有学会区分哪里才是真正的舞台。 当她必须顺应自然法则，结束她的学生生涯，从向阳中心的舞台'功成身退'后，她又能到哪里寻找到她的舞台，寻找到愿意欣赏她稚气的、带有她们那群人特质的表演技巧的观众？ 她的那一点点应对之道，又如何能帮她在不会专业制约的人前，在更为纷繁复杂的环境中，逢凶化吉？ 又一个十年的起点？ 这十年留给后十年的警示又是什么呢？

十年起始，她们单纯地、拘谨地，每晚依着标准模本，设计着第二天课堂上的"台词""走位"。 第二天的课堂上，她们尽量不乱走一步，不乱说一句与当堂课无关的话，以免可能会缩短有效的教学时间。 为了"台词"更精准，"走位"更有效，她们认真听取各家各派专家评说；自觉地或不自觉地广览专业或非专业的书籍，谦虚地或不谦虚地接受同伴的点评。 生活为核心中，她们学会了创造性地使用模板，甚而跳出了目标导向的束缚。 她们的"台词"偶有失准却不乏丰润；她们的"走位"，摆脱了束缚，少了拘谨而显现出韵味。 她们的生活丰富多彩起来，但丰富的生活要面对的问题也随之增多。 她们不再单纯地只面对她们的教学，她们的学生，她们要面对与教学有关无关的事，她们要面对潮水般涌来退去的同行，她们要面对雨后春笋般冒出来的各家各派，她们要面对不是她们学生的学生。 更重要的是，她们长大了，不再只单纯面对她们的家庭，她们要面对属于自己的家，她们要面对她们的另一半，她们要面对自己的孩子……她们面对着生活中的一切：善的、恶的，美的、丑的，真的、假的，走进了生态。 她们影响着现实环境中的一切，同时现实环境中的一切也影响着她们。 人与现实环境交战着、困窘着。 戏剧人生成了她们摆脱困窘的驿站。 她们在戏剧的世界里，尽情演绎别人的悲喜。 戏剧人生，来源于生活，却又是经过设计的生活，学生如何还原到生活中去？ 舞台之上人人平等，依角色而行，那么老师安在？ 学生依何而为？ 别人的悲喜带来的震撼，感悟是否能转化为她们面对困窘的能量？

十年，她因为她的女儿——那个自闭的女孩，经历着她们的经历；也因为她的女儿，还经历着她们无法有的经历。 十年的又十年前，闭塞的她和女儿经历着煎熬，向阳中心，让她们渐渐温暖、明亮。 当她再一次面临一丝死的考验时，十年的磨炼，还是没能理性地把人性的恶压制到最少至于无——她的内心还是不自然地涌出些许解脱的轻松，忘掉了对生命的敬畏。 十年，她从教最小几个月大的孩子，教到快二十岁的青年。 在青年身上，她找到了教小孩子时产生的疑惑和犹豫的答案：一切都是为了让他们有机会经历生命中正常发展的各个阶段，并为他们在未来的日子里，能以他们特有的健康的个性去为独立生活做准备，除此无他。 十年，她面对着形形色色的家长，看家长为孩子疲于奔波，却不知如何让她们殊途同归。 她给她们描述教育与训练的区别，讲生涯规划蓝图，却又无法给她们一支五彩的画笔。 十年向阳，让她明了环境、社会、制度对这群人而言的重要性，但她低微的声音，无法让别人听到。 她犹豫，是做蚍蜉继续撼树，融化坚冰，还是又回到原点？

十年之后，悲苦的母亲依然悲苦却不低微——那一群的她又该如何？ 自闭的女孩，依然自闭——一个浮躁的自我太过高扬的大环境，又如何容纳自闭的开放？"雄姿英发"的她们，经过十年磨砺，渐趋成熟，但当初的梦想还残留几许？ 是梦想太过高远而遥不可及，只能选择更近的现实？ 还是梦只能在心里想才不至于在现实中幻灭？

让我们回到各自的起点！

后记：写完才醒，自己的十年，为何有那么多她的、她们的十年身影？大约潜意识里，自己与她、她们已是密不可分了吧。 可自己毕竟又不是她，不是她们，不是她及她们而妄说她及她们的话，不免流于偏颇、主观，却也因一腔赤诚故。

最初的梦想

杨津晶

　　还记得儿时有当医生的梦想，长大后又想过去学荒漠治理、酿酒等，但就是没有想过会当老师。 因为老师在我心里的分量和责任太重了，不是所有的人都配得上"为人师表"这句话！ 我不敢做老师，怕自己达不到那些自己对老师的要求。

　　当我选择特殊教育这个专业后，我也常想我心中的特殊教育是怎么样的？ 我以后要教给那些孩子些什么？ 我希望那些孩子能够过快乐的生活，能学会自己照顾自己，自己尊重自己。 也许现在我们还不能要求整个社会都尊重他们，理解他们，接纳他们，但老师可以教他们自己尊重自己。 这就是我最初的梦想。

　　在大学里做义工的那三年，改变了我很多。 不论是对特殊教育的认识，还是我以后对人生的态度。 最开始，和所有去做义工的同学一样，我只是抱着一种尝试和学习的心态去的，并不觉得自己会因此而改变什么。 但我认识了梁老师，认识了那样一群孩子和为他们"披星戴月"的父母。 ——那群让我心中一直怀抱着感激，脸上带着微笑去面对一切的人！ 我知道了我也可以压低嗓门"温柔"地和学生讲话；我知道了不要轻易在学生的评量表上打3分，这样才不会错过他们任何一个成长目标；我也知道了我们所有的人是一个团队，当我多做一些事的时候，我的伙伴就可以轻松一些， 他们也会怀着同样的感激对我；我也知道了当我的观念和别人背道而驰时，要坚信自己的观点，并把自己认为正确的做给别人看，才能让别人信服……在那里，我觉得自己的梦想并不是遥不可及的，而是离自己好近！ 我追求的尊重、平等的教育在那里被突显。 我也认为自己能快乐地接纳每个孩子，而他们也是快乐的。

可是当一位有攻击性行为的孩子因为发泄他的情绪，抱着我大哭的时候，我哭了。因为那是一种好深好深的寂寞，像从他心底涌出一股刺骨的海水，苦涩而腥辣，让人突然感到巨大的凉意沁染全身。一直以来我都认为，不论是从专业要求，还是从个人本身来说，我都很真心地接纳每个孩子。但那时我才发现，我对他的接纳，对他的关心，只是为了减少他的攻击性行为装出来的。我并没有从心底真正接纳他，而是怕被他攻击。一切只是我装出来的。想必他的生活环境也是一样，所以他才会有那么深的寂寞。

以前，我总觉得他们被人尊重了，他们有了平等的教育，他们就应该是被我们接纳的，他们就应该是快乐的了。我错了！有了尊重和平等并不等于接纳。于是，我又在我的理想里加上了一条：接纳！因为我所做的一切，他们能感受到。当我觉得前路困难重重无法超越时，我都会想起那个孩子，他会提醒我不能停下来，只能一直往前走。

毕业实习之后才发现，原来要把自己坚持做的给别人看，让别人知道用其他的方法也能达到相同的效果，是一件好难好难的事。我困惑了，犹豫了，对现实、对特殊教育、对未来……因为这是一条要坚持走下去并不容易的道路，不但要有披荆斩棘的本领，还要有忍耐孤寂的定力。我选择了专升本，因为我可以很坦然地安慰自己：既然自己那么喜欢，就要做到最好；如果做不到，我宁愿永远不做。虽然总是面带微笑，却没办法承受这么多的孤寂。那似乎是一种最好的逃避的方式，也是最合适的选择。在复习考试的那一个月里，我过得很忙碌却又很颓废，做义工成了唯一的调节方式，也成了我全部的精神支柱。但我还是没有勇气去面对选择之后的挫败与孤寂，因为我怕自己会变，会为生活所迫，会对自己失望，而又无力改变现状。我该怎样坚持我要的东西成了挡在我面前的一块巨石。

毕业前夕到受评山庄的"毕业旅行"，让我静下心来想了很多问题，也想通了很多问题。

我总认为让别人接纳自己的观点是一件很困难的事，却没想过自己的能力还不足以让别人信服；总认为只有在一个什么条件都具备的环境才会有我要的特殊教育，却没有想过努力改变现状，而不是让它来改变自己；总是害怕去承受做特殊教育的孤寂，却没想过做一个无畏的孤寂者……其实，我的身边还有很多和我一起在黑暗中并肩而行的人，同样的"朝圣"的热情，会使我们走向同一个圣地的。

当我决定放弃读书而选择向阳中心的时候，我才真正感觉到自己是把最初的梦想握在手上的。 最初的梦想紧握在手上，最想要去的地方怎么能在半路就返航？ 实现了真的渴望，才能算是到过了天堂。

剧

评

戏剧在特教的发展与限制

李宝珍

当我们选择了为特殊需要学生服务的工作，就选择了一个探索生命的旅程：学生的一生以及老师的一生应该都要在这个旅程中被滋润、被关照，因此这是一个长期的志业，而不是一两个服务项目；这是一个生命与环境互动的成长过程，而不是专家指引的操作规范。 我们需要自由地、创意地，甚至带点冒险地、亲自去探索生命中的诸多奇迹。 因此我们给予"教育即生活"一个特殊的诠释："为了教育，我们必须和学生共同创造生活。"——谁能告诉我们应该怎样生活？ 除非这个人曾经经历过对自己生命的深沉探索。 谁能指导我们如何生活？ 除非他有千锤百炼的人生修为。

我们不是在教向阳中心这 20 个特殊学生生活技能，我们只是清醒地与他们共同生活，然后敏感地去察觉他们在生活中的感受与需求，试探性地调整生活环境中的挑战，使他们的生命境遇有点不同，然后成长出更高层次的探索环境的能力。 在这样对真实的人类生活的观照中，教育工作者也在不断理解生命、圆满智慧，成为对周遭生命更有影响力的"大生命"。

也许有些工具理性的现代人，会觉得这样的理想只是一种"浪漫情怀"，但当有人认真地在执行这样的教育时，已远非"浪漫"可言。 十年前，向阳中心尝试生活核心课程的教育模式，七年前又进一步探索生态导向的教育，到了近两年，开创戏剧人生，更是企图为学生打造一个丰富多彩的生活舞台，进可攻退可守，也可以作为连结另一种课程模式的桥梁。 由是之故，我们也冷静地为戏剧在特殊教育的应用，分析了它的未来发展和需注意的限制：

一、发展方向

（1）应该结合其他类型的表演艺术，只要能发挥学生的特质及老师的创意，如打击乐队、魔术等。

（2）应该与社区的文娱活动、休闲活动结合，尽量让群众参与，理解他们的社区中有这个团体及这个活动存在，如农闲活动、圣诞节的教堂宗教活动、社区广场的庆典活动等。

（3）需要引进更多的艺术家志愿者参与到表演的创作中，使剧团的演出更具可看性与感染力。

（4）戏剧作为特殊青年的重要生活有其长处，它能让人一直保持在一个团体或社群中而不孤单，因此如何支持一个特殊青年的剧团还需努力。

二、需注意的限制

（1）戏剧是一个耗费人力、物力资源的活动，虽然高耗能不一定代表高质量，但因陋就简是很难说服观众的。

（2）在剧场里，节俭并不是美德，反而可能是影响效率的。例如一改再改，人手一本的剧本需要印来面不改色，丢不心疼，而且要以大字复印才清晰，以 B4 纸印 A4 纸的剧本才能留下足够的边框空白让演员做记号……这在节俭成性的特教机构是罪过，但不这么做肯定会影响效率与效果。

（3）有些标榜"道具简单，随手拈来即文章"的戏剧活动（如鞋带剧场）其实也需要用到特殊的道具，只是比正式公演的舞台剧稍简朴一点而已。这与我们一直提倡的"用最少资源过最健康的绿色生活"的主张如何协调？

（4）制作费时，尤其会占掉老师许多时间，虽可以调动义工来帮忙，但仍会有许多时候是把学生晾在一边，老师忙着做道具。

（5）到底让戏剧占用学习生活的多少时间，仍是个问题。 全班全心投入戏剧，学生和老师都兴致勃勃，但所学没有系统，所经历的大多是虚拟梦幻，长期下来对学生的人格与生活的影响犹待观察。 我们是不是在拿学生的幸福冒险？

（6）戏剧的最终目的需要公演、需要观众，在人们重视感官文娱而不重视美感情操的年代，要以戏剧来呼唤人们的良知良能，需要极好的戏剧功力及素养，当舞台剧在各地式微时，我们凭什么说特殊人士的剧团可以吸引人心？

我们选择特殊教育，是因为它对人性的要求有可能为"汲汲营利"的人类事业开辟一个秘密的后花园，为人类保藏一些原始的、朴素的种子，当人们被现代都市文明操练得心力交瘁时，极目四望，还可以找到一些奇花异草来治疗心灵的伤痛，而"戏剧"或许是后花园中最奇妙的种子。

让智障学生成为他们自己

——贺江津向阳儿童发展中心成立十周年

于松梅

　　或许是一种巧合，十年之前，在大连举办的启智教育课程与教学法的研习班上，我与向阳中心的方武、李宝珍两位老师相识，并为他们创办民间启智教育机构的行动及敬业精神深深感动。之后数年，交往虽不算甚密，但因向阳中心自身发展的成果，给予特教界的冲击与影响，以及向阳中心在国内师资培训方面所扮演的"传经送宝"角色，"向阳中心"不只是启智教育界人士所熟悉的名字，也是我们所关注的一个亮点。1999 年冬，我应邀参加了重庆师范大学与江津向阳中心联合举办的新世纪特殊教育展望研讨会，再次与两位老师重逢，加之有知名专家夏洛克、邱上真、杨梅芝等人的精彩演讲，那一次真是收获良多。在迈入新世纪之际，能够收获新的理念，收获重逢的喜悦，收获来自向阳中心创立三周年的成果专辑——《特教之美》，着实令我感到欣喜与振奋。之后在细细品味《特教之美》的过程中，才感到那一次收获中的遗憾。与"向阳"近在咫尺，而我却与她失之交臂，擦肩而过，没有一睹她的风采。或许越是失去的东西，才越是感到它的美好，从那一刻起，感受"向阳"，感受"向阳"特教之美的心情，便在我内心珍爱、遗憾的情感中变得越来越浓烈。

　　2005 年秋，当再次重返重庆参加台湾师大洪俪瑜教授的研习班时，心中就早已有了一份轻松与满足，那轻松来自多年遗憾的如释重负，也来自即将对神奇"向阳"的探访。研习结束后，我欣然踏上了去往江津向阳中心的旅程，此行虽只有短短的三天时间，但却是我真正走进"向阳中心"的一次难忘之行。那里有一支可敬的教师团队，那里的学生过着富有尊严的生活，那里不断创造着教学的"奇迹"，也不断在剧场表演中演绎着生命的"奇迹"。

　　向阳中心成立的十年，是其不断探索启智教育课程模式的十年。从"生活核心课程"到"生态导向课程"，再到以"戏剧教学与剧场表演"为核心的课程尝试，最让我感到惊讶的莫过于戏剧走进了特殊教育，走进了向阳中心智力障碍儿童的休闲生活。值此向阳儿童发展中心创办十周年之际，除了表达内心的祝贺外，也愿借此机会略谈我对向阳教育戏剧的观感。

一、教育戏剧挑战了我们的传统思维

　　初听起来，教育戏剧这一观念似乎很难与特殊教育，以及那些具有严重智能障碍与身体行动等方面具有特殊需要的儿童发生联系，我的内心也在不断地质疑："戏剧教学他们办得到吗？""那样表现出来的戏剧其美感又将如何？""那些普通的特教老师具有戏剧创作与表演的天资吗？"这一系列的质疑皆因我们所把持的传统思维观念。我们通常会认为，戏剧本身的要求已超出了这些重度智力障碍儿童的社会理解水平及其表现能力；我们也会觉得，戏剧教学在普通教育中甚至还没有根深蒂固，更何况在特殊教育中的应用呢？我们的思维方式似乎仍在因循普通教育的标尺。

　　向阳中心在教育戏剧上的突破是值得称道的。那里的工作人员不止于追求为江津市智力障碍学生提供教育服务，更追求在工作中看到更多更美好的教育风貌，从而使特殊教育工作者的专业更精彩，人生更丰富。"教育"在她们眼中不是一项死的工作，不是在千篇一律的专业教条中去例行公事；也不是坐以等待学生具有了戏剧相关能力的准备，才施以戏剧教学，而是倡导以一种结构式的、发展性的戏剧教学法，来支持和强化学生的学习动机与兴趣，并在戏剧表演中，挖掘学生们的戏剧潜能和对戏剧人生的体验。

二、向阳中心教育戏剧的两种架构

向阳中心在发展的第九年引入了以"戏剧"为核心的课程模式，坚信戏剧是人人皆可从中受益的学习媒介，并依据学生年龄特点和教育目标的不同，将教育戏剧的应用具体体现为如下两种架构：

其一，戏剧作为一种教学法，即教育戏剧教学法，探索的是戏剧作为学习媒介的潜能，是运用戏剧的特点来引发并维持学生参与学习的动机，进而达到对语言、认知、动作、感知、模仿、艺术欣赏等各领域隐含目标的学习。

这种架构主要体现在向阳中心小年龄段儿童，以戏剧为教学主题的综合性教学活动之中，以突出教学的趣味性和师生间的互动为主要特征。对隐含目标的教学，更是这种教学法所表现的艺术魅力之所在。

对于向阳中心年龄较大的学生而言，他们的未来将过一种怎样的生活？戏剧的魅力又如何体现在他们身上呢？

"让学生成长为他自己，让学生在融合的社区中，享有丰富又有尊严的生活"一向是向阳中心秉承的教育理念，而这一理念如果用戏剧人生的体验来加以诠释的话，那实在是一种美妙的吻合。向阳中心戏剧教学的第二种架构便是以剧场表演、戏剧人生的思路展开的。

万物其来有自，如果说智能不足是上天给予智力障碍者的一种生活方式的话，那么，就让智力障碍者在这种生活方式中选择成为他们自己吧！人生如戏，戏如人生，剧场表演的思维架构，为向阳中心智力障碍学生演绎其多姿多彩的人生、展示生命的可敬与尊严提供了最好的舞台，戏剧表演在此成为智力障碍学生人生中最绚丽的一部分。

在向阳中心，剧场及表演工作并没有因智力障碍学生而降低专业水准，从剧本、导演、舞台监督、道具管理、舞美设计，到排演、技术排演、彩排、剧照、公演、海报宣传、票务等行政事项，无一不追求专业的精神，以求达到戏剧的最佳艺术效果。目前，向阳童剧团已成功公演了《奇迹》《老鼠嫁女儿》《姐姐的婚礼》等剧目，得到了江津市民的赞誉。 向阳中心的剧场实务在日益成熟的同时，也在向偶戏等戏剧形式纵深发展。

三、教育戏剧的功能

（一）戏剧具有统整课程的功能

戏剧不仅是一门创意或表达的艺术，同时也是教育的核心学习活动。 在戏剧课程中，因戏剧的内容常依托文学，语言、阅读等相关课程自然少不了；而在戏剧的呈现上，自然也离不开音乐、乐器、手工艺、绘画、舞蹈与律动等肢体动作的参与，甚至数学课程也能纳入戏剧。

（二）戏剧助长儿童多面向的心理能力

（1）戏剧助长儿童语言能力的发展。 戏剧中有丰富的生活对话，可以促进儿童对较高层次的成人语汇的学习与使用，有助于改善学生的对话能力。

（2）戏剧的趣味性能激发儿童的好奇心和主动学习的动机，这种令人兴奋的体验也有助于学生形成美好的回忆。

（3）戏剧透过张力的安排，可以延展儿童的想象空间，丰富他们的情感体验。

（4）戏剧助长儿童的社会性能力。 戏剧中各角色之间的互动为儿童理解社会生活、发展社会能力提供了极具价值的学习机会。 在戏剧中，儿童要学会分享人类的共同理解，学习与他人友善相处，学习如何行为得体等。

（5）戏剧具有独特的视窗功能，能映射学生的表演行为，为模仿和自我监控提供了再学习的机会。

（6）戏剧在发展学生自我意识、提高自尊和自信方面也有重要贡献。 戏剧中的角色扮演，让儿童有了表达意见和自我决定的经验；而戏剧公演的成功会带给学生成就感与自尊。

四、向阳剧场公演的社会沉思

戏剧是人生的缩影，一部精彩的戏剧表演，应是外在的艺术表现与内在的意义表达的完美结合。 它不应停留在运用肢体动作的故事重述层面，而应与社会脉动紧密相连，它所表达的意境应能让人有所沉思、感悟和情感共鸣。 透过剧场公演，向阳中心向江津市民传递着重要的人生思考。

向阳中心不仅为自己的学生积极地创造融合的学习机会，而且也在努力营造社区的融合观念。 除了给街区的邻居、家长、学生等发放邀请和剧票外，在剧目内容上，也试图增强市民对残障问题的触及与接纳。 如《姐姐的婚礼》这部剧，剧情的焦点围绕的就是残障弟弟能否出席姐姐婚礼而展开的。 对弟弟应采取怎样的态度？ 是隔离，还是接纳，该剧的结尾为观众留下了无限的思考空间。 有时，在剧场公演结束后，向阳中心也会请观众对剧情可能引发的结局在问卷上有所反馈。

向阳中心的童剧表演既是学生娱乐自身的生活方式，也是他们娱乐社区，造福与影响社区的一种方式。 在向阳剧场看师生同台的戏剧表演，你会感到这是一个心灵净化与成长的好去处。 在这里，你会看到一些特殊的演职人员，有需依靠轮椅的固定才能坐直身体的脑瘫学生，然而他的身体障碍并没有阻挡他对戏剧的参与；在助理导演的位置上，你看到的是一位固定在轮椅上只能通过伸舌头来表达同意与否的脑瘫学生，看他助理导演的派头，就连老师们也要俯身，与他就导演评判的公平性进行辩白，甚至还要在背后请求他给自己留一点面子；当然你也会看到忘记台词的智力障碍学生、反复重复台词的自闭症学生、动手动脚的情绪和行为障碍的学生……在这里，戏剧会让你发现，生命如此可敬与可爱；也会让你在面对那些重度障碍儿童时，不断地面对自己的价值困境，教育对他们究竟为何。 在这里，你将体会，教育是人类对下一代的爱和祝福；你将思考，人们终日辛劳，最终追求的安慰又是什么；你也将发现，人性差异背后的尊严与平等。

　　追寻向阳中心成长发展的十年历程，我欣喜地看到向阳中心的学生在不断地成长为他们自己，向阳中心的老师们也在成长为她们自己。

　　最后，感谢戏剧！　感谢戏剧带给"向阳中心"的精彩！

编后语

　　由于答应重庆大学出版社把向阳儿童发展中心的三周年、七周年、十周年的教学专辑出版发行,我重新看了几遍原来内部发行的这几本书,把自己感动得热泪盈眶。最近因为钻研教康整合的知-动课程模式,整天在研究儿童的感觉神经、运动神经里面埋头苦修,早已忘了 20 年前特殊教育的生活核心课程的初始状态,印象中只留下课程运作的具体方法,如何评量,如何拟订 IEP,如何设计单元活动……这些都是积淀成今日终身课程的基础,但是重新回看当时发展课程时的所思所想,猛然发觉当时对课程的思考多么深刻,对特教投入的热情多么深切。这些才是重新把这几本书向特教同仁们推广的主要价值吧!里面的专业运作诚然可贵,但是如果缺乏对特教的反思和情感,那些方法也只不过是雕虫小技而已。

　　我认为其中最重要的价值是一个特教机构对新的教育模式孜孜不倦地开发探索的精神。在 20 年前投入特殊儿童服务的人力和资源都非常少的情况之下,先行的特教机构都是真心诚意的拓荒者,一心只想为特殊儿童的教育寻求方法与道路。不忘初心,回归本质,尤值得特教界警惕!

　　第二个价值我觉得是当时特殊教育的创新精神。以向阳中心为例,在历经了生活核心课程、生态导向课程、应用戏剧于特教的探索之后,由于服务对象的改变,从早年的单纯智力障碍学生,转为重度、极重度、多重障碍学生的教育康复需求,特教人员不能耽溺于旧有安稳的教育模式,我们必须求新求变,因应学生的挑战,让自己的工作日新又新。在三本不同课程模式的书中,我不断看到老师们在超越昨日的努力,使一代代的智障学生的能力和社会适应力不断改进。我们有已就读 23 年的已然 30 岁的唐氏青年学生,也有 10 年前进来的 10 多岁的脑瘫少年学生,近来有更多 5~6 岁的自闭谱系学生,我们的课程模式一直在创新,以至于分享出来的经验专辑读来感觉浓浓的生命力,这样的创造力,才是鼓舞广大的特教同仁一路向前的驱力。

　　第三个值得注意的价值是:早年从事特殊儿童教育的工作者,大都抱持为国家开拓特教事业的使命感。所谓牢记使命,这在那代人是真实的情怀,老师的生命发展和工作发展基本上是共融共荣的。

　　将戏剧的元素用在特殊教育的现场,是向阳中心创办十年时的探索。一般教育中有所谓角色扮演教学法,但是那只是把想探讨的议题,加上情境和角色,让学生扮演和再扮演,一则练习新技能,一则调整行为。教师可能需要一些心理学的背景,但是基本不需学习任何戏剧专业的知识或技能;而向阳中心则是在全体教师参加了两个暑假的戏剧研习营之后,认可它对特殊教育现场的作用。因此,开始了两个方面的应用:一是应用戏剧的元素,成为有效吸引学生的教学法,将课程目标一一地传授给学生;二是依照剧场工作的方法,将向阳中心的青年部学员组成童剧团,让戏剧成为日常生活重要的组成部分。戏剧教学法不等同于角色扮演法,它比角色扮演法更丰富有趣,更能启发学生参与的动机,在戏剧之乐之美中,表现自我,融入集体,最后成为能感动他人的生命存在。凡我特教工作人员,怎能不学着拾起戏剧之利器,开创教室像剧场,人生有戏最美之工作场域?

李宝珍

2022 元旦